幼儿游戏支持与指导

王 姿 ◎ 主 编

电子工业出版社
Publishing House of Electronics Industry
北京·BEIJING

内 容 简 介

本书基于工作过程导向，立足学生职业能力培养，根据幼儿保育专业的人才培养目标和要求，结合幼儿教师典型工作任务，划分为绪论和7个学习情境，包括角色游戏组织与指导、结构游戏组织与指导、表演游戏组织与指导、体育游戏组织与指导、智力游戏组织与指导、美术游戏组织与指导、亲子游戏组织与指导。

本书适合中等职业学校幼儿保育专业学生使用，也可作为幼教机构培训用书。

未经许可，不得以任何方式复制或抄袭本书之部分或全部内容。
版权所有，侵权必究。

图书在版编目（CIP）数据

幼儿游戏支持与指导 / 王姿主编. -- 北京 : 电子工业出版社, 2024. 12. -- ISBN 978-7-121-49540-3
Ⅰ. G613.7
中国国家版本馆CIP数据核字第20259Q4K11号

责任编辑：游　陆
印　　刷：北京盛通数码印刷有限公司
装　　订：北京盛通数码印刷有限公司
出版发行：电子工业出版社
　　　　　北京市海淀区万寿路173信箱　邮编　100036
开　　本：787×1 092　1/16　印张：10　字数：256千字
版　　次：2024年12月第1版
印　　次：2024年12月第1次印刷
定　　价：35.80元

凡所购买电子工业出版社图书有缺损问题，请向购买书店调换。若书店售缺，请与本社发行部联系，联系及邮购电话：(010) 88254888，88258888。
质量投诉请发邮件至zlts@phei.com.cn，盗版侵权举报请发邮件至dbqq@phei.com.cn。
本书咨询联系方式：(010) 88254489，youl@phei.com.cn。

前　言

党的二十大报告明确指出，"教育、科技、人才是全面建设社会主义现代化国家的基础性、战略性支撑。必须坚持科技是第一生产力、人才是第一资源、创新是第一动力，深入实施科教兴国战略、人才强国战略、创新驱动发展战略，开辟发展新领域新赛道，不断塑造发展新动能新优势。"百年树人，始于幼教。学前教育作为我国系统教育体系的第一个环节、终身教育的开端，对于社会人才培养和教育的发展具有重要意义。

随着社会经济的快速发展，以及人民对教育的重视程度与期望不断提高，学前教育也得到了越来越多的关注。在规模快速扩大、普及水平稳步提升、普惠程度不断提高等利好的发展态势下，社会对高素质幼教人才的需求不断增加，越来越强调幼儿园教师应在具备师德素养的基础上，具有能根据不同幼儿的年龄特点、身心发展需要和个体差异，采用适合其发展特点的方法，促进幼儿成长的综合教育教学实践能力。

在《幼儿园教育指导纲要（试行）》实施二十余年，《3—6岁儿童学习与发展指南》颁布十余年的当下，坚持以游戏为基本活动，已成为学前教育的一种理念，并具有实践价值。游戏是幼儿探索学习的独特方式，是促进幼儿全面发展的重要活动，更是幼儿身心发展的需要。作为幼儿园教师，要充分认识和理解游戏对促进幼儿发展的重要意义，同时要具备运用多种方法组织与指导幼儿游戏的能力。

"幼儿游戏支持与指导"是中等职业学校幼儿保育专业的核心课程。培养幼儿园教师进行幼儿游戏支持与指导工作的必备能力，由组织与指导各类幼儿游戏活动这一典型工作任务转化而来，对幼儿保育专业学生进行幼儿园游戏环境创设、游戏组织与指导、游戏观察与评价起到重要作用。

本书符合幼儿保育专业教学标准、人才培养方案要求，落实"内涵有德、外显有规、身怀有技、心中有爱"的课程思政目标，融入幼儿园教师资格证书、1+X证书考证标准，从幼儿园教师岗位的职业能力需求出发，选取幼儿园教师岗位中的典型工作任务为载体，以该岗位需要满足的幼儿园教师对幼儿游戏进行指导、组织与设计等方面的知识、能力、素养为依据确定教学内容。本书分为绪论和7个学习情境，涉及不同类型的幼儿游戏，包括角色游戏、结构游戏、表演游戏、体育游戏、智力游戏、美术游戏和亲子游戏。前6个学习情境在内容上属于平行关系，在难度上呈现不同程度的递增趋势。最后一个亲子游戏是在对前6种游戏进行综合运用的基础上，借助亲子互动的方式呈现的一种综合性游戏。通过7个情境的学习，学生能够进行幼儿游戏指导、组织与设计等工作，从而逐渐促进学生保育综合实践能力的提升。本书的部分知识点可以为幼儿保育专业学生考取幼儿园教师资格证书提供帮助。

本书立足于幼儿保育专业学生职业能力培养，园、校双师共同参与编写，深化产教融合、园校共育，将行业发展动态和幼儿园教师岗位标准、要求融入教材中，突出科学性和适用性；以工作过程为导向，选取典型工作任务，配套设计了工作页、任务页、评价表，突出幼儿园教师岗位能力培养，具有实践性和可操作性；图文并茂，配套视频资源，帮助学生理解重点内容，增加直观感知，满足线上、线下混合教学的需要，具有丰富性和趣味性。

本书由国家中等职业教育改革发展示范学校、北京市特色高水平职业院校——北京市昌平职业学校幼儿保育专业教师和附属北郡嘉源幼儿园老师共同编写，由王姿老师担任主编，北郡嘉源幼儿园园长杜鹃，学前教育系主任赵小平、副主任岳楠担任副主编。具体分工如下：绪论、学习情境1和学习情境2由王姿老师编写，学习情境3由刘璇老师编写，学习情境4由徐一涵老师编写，学习情境5由王晶老师编写，学习情境6由岳楠老师编写，学习情境7由康晓萌、赵小平老师编写；北郡嘉源幼儿园岳超然、祝新星老师提供原创案例；北郡嘉源幼儿园纪文老师参与教材资源开发。全部书稿汇总后，由王姿负责修改和统稿工作。

在本书的编写过程中，北郡嘉源幼儿园园长杜娟审阅了全书并提出了许多宝贵的意见和建议。此外，本书得到了电子工业出版社编辑的指导，以及北京市昌平职业学校领导的支持和鼓励，书中还引用了许多专家、学者、同行的研究成果等资料，在此一并表示衷心的感谢。

由于学术能力有限，书中的不足和疏漏在所难免，敬请各位专家和读者批评指正，以便今后不断修改完善。

编　者

目　　录

绪论 ··· 1

学习情境 1　角色游戏组织与指导 ··· 6
　　1.1　角色游戏认知 ··· 8
　　1.2　游戏计划制订 ··· 12
　　1.3　游戏组织实施 ··· 19
　　1.4　游戏评价反思 ··· 22

学习情境 2　结构游戏组织与指导 ··· 26
　　2.1　结构游戏认知 ··· 27
　　2.2　游戏计划制订 ··· 33
　　2.3　游戏组织实施 ··· 41
　　2.4　游戏评价反思 ··· 42

学习情境 3　表演游戏组织与指导 ··· 47
　　3.1　表演游戏认知 ··· 48
　　3.2　游戏计划制订 ··· 52
　　3.3　游戏组织实施 ··· 60
　　3.4　游戏评价反思 ··· 62

学习情境 4　体育游戏组织与指导 ··· 66
　　4.1　体育游戏认知 ··· 68
　　4.2　自主性体育游戏计划制订 ··· 71
　　4.3　教学性体育游戏计划制订 ··· 73
　　4.4　体育游戏的创编 ··· 78
　　4.5　体育游戏的组织实施 ··· 83

    4.6 游戏评价反思 ··· 85

学习情境 5　智力游戏组织与指导 ··· 96

    5.1 智力游戏认知 ··· 97
    5.2 游戏计划制订 ·· 106
    5.3 游戏组织实施 ·· 110
    5.4 游戏评价反思 ·· 112

学习情境 6　美术游戏组织与指导 ·· 116

    6.1 美术游戏认知 ·· 117
    6.2 游戏计划制订 ·· 122
    6.3 游戏组织实施 ·· 127
    6.4 游戏评价反思 ·· 131

学习情境 7　亲子游戏设计与指导 ·· 136

    7.1 亲子游戏认知 ·· 137
    7.2 游戏计划制订 ·· 140
    7.3 游戏组织实施 ·· 144
    7.4 游戏评价反思 ·· 145

绪　　论

学前教育是高质量教育体系中最基础和起始的环节，学前教育的高质量发展最核心的标志是儿童的全面协调发展。学前教育应真正为儿童的后继学习和终身发展奠定坚实的素质基础。

幼儿游戏是符合幼儿身心发展需求的、快乐而自主的实践活动，是幼儿接触现实生活的主要活动，也是幼儿特有的学习方式。2024年颁布的《中华人民共和国学前教育法》指出，幼儿园应当以学前儿童的生活为基础，以游戏为基本活动，发展素质教育，最大限度支持学前儿童通过亲近自然、实际操作、亲身体验等方式探索学习，促进学前儿童养成良好的品德、行为习惯、安全和劳动意识，健全人格、强健体魄，在健康、语言、社会、科学、艺术等各方面协调发展。《幼儿园教育指导纲要（试行）》指出，幼儿园教育应尊重幼儿的人格和权利，尊重幼儿身心发展的规律和学习特点，以游戏为基本活动，保教并重，关注个别差异，促进每个幼儿富有个性的发展。教育部关于印发《幼儿园保育教育质量评估指南》的通知指出，尊重幼儿年龄特点和成长规律，注重幼儿发展的整体性和连续性，坚持保教结合，以游戏为基本活动，有效促进幼儿身心健康发展。

游戏是学前教育的一种重要教育手段，是学前儿童生活的重要内容。著名教育家马卡连柯在高度评价儿童游戏的教育作用时指出："游戏在儿童生活中具有极其重要的意义，具有与成人的活动、工作、服务同样重要的意义。"我国现代幼儿教育家陈鹤琴先生也说过："小孩子是生来好动，以游戏为生命的。"所以，游戏是对幼儿进行全面发展教育的重要形式，幼儿园教育应以游戏为基本活动。游戏对于促进幼儿全面发展的作用是其他教育形式所不能代替的。

一、学前儿童游戏的基本特征

（一）自主性

幼儿游戏的驱动力是本能的、原始的，是不受外界因素限制的。幼儿游戏是一种无拘无束、自发、自愿的活动。游戏是幼儿成长过程中必须经历的，是幼儿的权利。幼儿在游戏中自主选择游戏活动，如玩什么、在哪里玩、和谁玩、怎么玩、用什么玩、玩多久等。在这个过程中，大多数幼儿会根据自己的需求、兴趣和能力水平做决定。例如，有些幼儿对滑梯非常感兴趣，看到各种各样的滑梯，他们会不由自主地去玩，甚至会自愿结成伙伴一起玩，而不需要成人的组织或监督。

在幼儿选择游戏和开展游戏的过程中，成人应该尊重幼儿的自主性，并且给予他们充分的支持和鼓励。只有幼儿能够充分发挥自己的主动性时，他们才能获得最高程度的快乐体验和丰富的知识经验。然而，由于幼儿的身心发展特点和环境条件的限制，他们在游戏中可能会受到家长、教师或同伴的影响。因此，更需要成人在充分尊重幼儿、最大限度地发掘幼儿潜力的基础上，有策略、有方法地对幼儿进行引导和辅助。

（二）愉悦性

游戏使幼儿全身心地投入，身心处于最佳、最自然、最轻松的状态，从而获得强烈的愉悦体验。平日里性格较为内向的幼儿，当其自主、自愿参与游戏，尤其是自己喜欢的游戏时，会打开话匣子说个不停。同时，幼儿游戏没有强制的目标，成人可以借助幼儿喜欢的游戏活动形式，促进幼儿各方面的发展和成长。

（三）假想性

幼儿在游戏中，可以将自己的经验与想象力结合起来，重新构建出自己心中的现实。这种假设不仅仅是对生活的简单模仿，更是一种充满创造力的想象。在游戏中，幼儿用"以物代物，一物多用"的方式进行游戏，如用纸筒、积木块儿充当电话等。在游戏中，幼儿可以扮演他们在现实生活中或童话故事中渴望成为或无法扮演的角色，如教师、消防员、医生、警察、大老虎、小花猫等。

（四）实践性

幼儿游戏是一种实践活动，它能够帮助幼儿更好地理解和学习知识。它不仅仅是听觉或视觉等单一感官的游戏，更是一个调动全部感官，使幼儿全身心参与、体验的过程。在游戏中，幼儿不断体验自己感兴趣的内容，不断习得新的经验。

二、学前儿童游戏的分类

游戏类型的划分，取决于划分的标准。

（一）从游戏社会性的角度分类

社会化成长是儿童心理发展的重要组成部分，美国心理学家帕顿根据儿童在游戏中的社会交往水平，将儿童游戏划分为 6 种不同类型，以更好地满足他们的社会发展、成长需求。

1. 偶然行为

此阶段的幼儿不会参与任何形式的游戏活动，他们喜欢在安静的环境中玩耍，或者随意地把自己的衣服弄乱，或者在碰到感兴趣的东西时随手捏一下、碰一下，抑或将某个东西扔到地上，这些行为都不能算作真正的游戏。

2. 旁观行为

此阶段的幼儿开始有意识地观察、注意周围的人，可能偶尔会有交谈，但不会主动参与游戏。

3. 单独游戏

此阶段的幼儿处于独自玩游戏的时期，独自玩耍的幼儿往往不会注意到周围的人，对在周围游戏的幼儿也不关心，也不会尝试去接近其他幼儿。

4. 平行游戏

此阶段的幼儿聚在一起，各自玩着玩具，他们会留意其他小朋友的出现，偶尔会有模仿和交流，但大多数时候，他们都会把目光聚焦在自身的游戏活动上，而不是协作。这种活动是幼儿学习社交的重要方式。

5. 联合游戏

此阶段的幼儿，当他们游戏时，会注意周围同伴的活动，并与同伴一起进行游戏。幼儿之间会交换游戏材料，讨论共同的活动，但更多的时候是根据自己的愿望进行游戏，缺乏明确的分工和合作，也没有共同的目标。

6. 合作游戏

此阶段的幼儿在语言表达、社会交往等方面都有了较大的提升，他们会因为共同的目标聚集在一起，开展游戏活动。幼儿在游戏中可以相互沟通交流，如分配角色和任务、选择材料、确定规则等，此时幼儿既有较强的自主性，也能体现很好的合作性。

（二）从儿童认知发展阶段分类

瑞士心理学家皮亚杰根据幼儿认知发展阶段，将儿童游戏划分为练习性游戏、象征性游戏、结构性游戏和规则游戏。

1. 练习性游戏

练习性游戏是幼儿在早期发展阶段出现的，通常在幼儿0~2岁时进行，又称感觉运动游戏或机能型游戏。在这个阶段，幼儿还处于不会说话的时期，主要通过感知和动作来理解周围的环境并解决问题。在这个阶段，幼儿没有真正的游戏内容，所谓游戏只是幼儿为了获得某种感官刺激、愉快体验或引起注意而进行的单纯的重复活动，并从不断重复的练习中探索新事物。例如，他们会不断地拍打盆里的水，不停地摆弄自己衣服上的扣子，或者发出"嗯，嗯"的声音来吸引爸爸妈妈的注意。

2. 象征性游戏

象征性游戏是一种以模拟和表现为主要形式的游戏，通常在幼儿2~7岁时进行。它可以帮助幼儿更好地理解和掌握当前的情境，并通过替换物品或语言符号来提高他们的认知能力。这种游戏不仅可以帮助幼儿更好地理解和掌握当前的情境，还可以提高他们的创造力和想象力。

3. 结构性游戏

结构性游戏是幼儿利用各种不同的结构材料，按照一定的目的和计划建构一定结构或物体的活动，如搭积木、捏橡皮泥、堆雪人和垒沙堡等。这种活动能够培养幼儿的动手能力、逻辑思维和创造力，对他们的成长发展有着重要的作用。结构游戏需要幼儿具备一定的结构技巧，但幼儿在这方面的发展可能会比较缓慢，因此，过程中需要成人更多的指导和帮助。

4. 规则游戏

随着儿童语言表达能力和抽象思维能力的不断提升，他们开始学会从他人的角度来看待问题，这也为他们规则意识的培养建立了良好的基础。

规则游戏是一种以竞争为基础的比赛，它要求儿童须遵守一定的规则，并且能够根据自己的需求来调整自己的行为。通过参与这种游戏，儿童对规则的认知和理解水平逐步提升，自我调整和控制能力也逐步提高。规则比赛是一种严格的游戏形式，个人随意性较小，如"棋类游戏""球类游戏""竞赛类游戏"等。儿童对规则游戏的兴趣并不会随着年龄的增长而消退，它会伴随人类的一生。

（三）依据游戏的教育作用进行分类

依据游戏对幼儿发展的教育作用可以将儿童游戏分为创造性游戏和规则性游戏两大

类，创造性游戏包括角色游戏、结构游戏、表演游戏，规则性游戏包括体育游戏、智力游戏、音乐游戏。总体来说，创造性游戏更加自由，规定和要求也更少。规则性游戏中教师的参与相对较多，组织性较强。本书也主要采用这一通用分类方式，分单元对每一种类别的游戏组织与指导进行详细介绍。

（四）依据游戏的交往对象进行分类

根据幼儿在游戏过程中互动的对象，可以将游戏划分为亲子游戏、同伴游戏和师幼游戏。根据幼儿的年龄特点，这三种游戏发生的时间维度不同。最先发展的是亲子游戏，幼儿在亲子交往中学习和了解游戏。随着幼儿逐渐成长，接触到更多的交往伙伴，幼儿将学习到的游戏方法和游戏策略应用到与小伙伴的相处中，就形成了同伴游戏。当幼儿进入教育机构，又开始了新的交往模式，即师幼交往，随之便产生了师幼游戏。

三、学前儿童游戏对幼儿发展的作用

著名幼儿教育家陈鹤琴曾经指出，游戏是幼儿的基本活动，由此可见游戏对于幼儿发展的重要作用。随着知识的不断更新和教育水平的不断提高，学前儿童游戏已成为有目的、有计划的教育活动。游戏对幼儿发展的作用主要体现在以下几个方面。

（一）促进幼儿身体发展

第一，游戏不仅可以促进全身运动，还可以促进局部活动，有助于幼儿的身体脏器和管理系统的发展，能够加快骨头和肌腱的成长，提高新陈代谢，同时也有助于内脏和中枢神经体系的发展。第二，游戏可以帮助幼儿发展体能，进行多种体能活动，如跑、跳、投、爬、攀登等，可以使幼儿的速度、耐力、灵敏度、力量等身体素质得到锻炼，提高幼儿身体动作的敏捷性、灵活性和协调性，使幼儿的身体变得更为健康强壮。第三，游戏可以促进幼儿身心和谐发展。游戏既能给幼儿带来愉快的情绪体验，又能保证其身体健康。

（二）促进幼儿智力发展

第一，通过开展游戏活动，能够帮助幼儿更好地了解周围的事物，增强他们的知识储备，并在外界动态控制和内在感知的活动中，进一步提高他们的感知觉能力、注意力、记忆力等智力。例如，幼儿可以在玩水游戏中感受和认识水的流动、浮力等物理特性，在滑梯游戏中感受和认识高、低、上、下等空间方位，在玩牌游戏中感受和认识数字排列顺序、图案分组等数理逻辑。第二，游戏活动有助于促进幼儿语言能力的发展。幼儿在游戏过程中需要与同伴讨论游戏主题、情节、角色、材料和规则，从而能够提高其口头表达能力。另外，专门的文字游戏可以锻炼幼儿的书面语言能力。第三，游戏能够促进幼儿想象力的发展。例如，幼儿假装自己是"蚂蚁"，把自己做的食物都储存起来过冬。第四，游戏有助于提高幼儿的逻辑思维能力。参与游戏活动的幼儿需要不断地思索，保持思维活跃，并能够独立解决问题。例如，在搭积木时，幼儿必须考虑搭建什么造型、用什么材料，以及如何使它看起来美观匀称、坚固不倒塌等问题。

（三）促进幼儿社会性发展

第一，游戏为幼儿提供了一个机会，让他们学习如何与他人交流，培养他们的社交能力。在游戏过程中，幼儿会面临许多人际关系问题，为了更好地完成游戏，他们需要学习如何协调自己的观点与他人的观点，学习相互理解、协商、合作，学习对伙伴做出让步，并被同伴接纳。第二，游戏有助于幼儿克服自我中心主义，学习理解他人。只有了解自己与他人的差异，才能够更好地理解他人，并逐渐改变自己看待社会问题的方式。第三，游戏有助于幼儿掌握行为规范，形成良好的道德品质。任何游戏都有规则，如在角色游戏中，幼儿必须按照他所扮演的角色去行动。通过学习，幼儿能做到尊重他人、关心长辈、团结同学。遵守游戏规则还表现为幼儿学会控制冲动、自我调节、延迟满足等方面。

自制力是一种有效的心理调节能力，它可以帮助人们更好地实现目标。自控能力是指在意志行动过程中抑制那些干扰性因素，保持有效行为。而延迟满足是一种典型的自控能力，它表现为能够抵抗外界诱惑，坚持追求更高的目标。

（四）促进幼儿情感发展

第一，游戏中的角色扮演能够丰富幼儿积极的情绪情感体验，包括关爱、友好、同情、责任心、爱憎分明等。例如，在"娃娃家"游戏中，幼儿会像妈妈一样照顾"婴儿"，给"婴儿"喂奶、换尿布、哄睡觉等。苏联幼儿教育学者门捷利茨卡娅指出，尽管"好像""假装"等词的含义是虚拟的，但幼儿在游戏时产生的情感永远是真诚的，他们不会作假。第二，游戏中的自由自主可以帮助幼儿培养成就感和自信心。第三，游戏中的审美活动可以培养幼儿的审美能力。第四，游戏中的情绪宣泄可以帮助幼儿消除负面情绪，包括恐惧、愤怒、厌烦、紧张等情绪。例如，在"医院"游戏中，很多幼儿热衷于"打针"游戏，当进行该游戏时幼儿会将自己在打针时的痛苦发泄到游戏活动中。幼儿通过游戏把精力和情绪发泄之后，脸上会露出一种满足的表情。

学习情境 1

角色游戏组织与指导

角色游戏是幼儿根据自己的兴趣和愿望,通过扮演角色,运用模仿和想象创造性地反映现实生活的一种游戏。

角色游戏是幼儿游戏的一种,在幼儿两三岁时产生,学前晚期达到最高峰,是幼儿期最典型的游戏形式。幼儿角色游戏虽然可以有成人的参与和指导,但更多的情况是伴随着幼儿在认知、能力等各方面的发展,自发进行的。心理学家们在研究幼儿心理时,也以角色游戏为主要标本。

学习目标

根据幼儿的年龄特点、兴趣需要、游戏水平、游戏特点与价值等因素,为幼儿提供相应的游戏材料并创设适宜的游戏环境,对幼儿角色游戏进行适时指导,最后完成游戏的评价与总结。

【知识目标】

- ✓ 说出角色游戏的特点、结构、教育作用及游戏玩法。
- ✓ 列出角色游戏的指导内容。
- ✓ 总结各年龄班角色游戏的特点与指导要点。
- ✓ 说出角色游戏的观察与评价要点。

【能力目标】

- ✓ 能根据某一主题的角色游戏,分析其具体特点、主要结构和教育作用。
- ✓ 能通过案例,分析总结角色游戏的指导要点,以及各年龄班角色游戏的特点。
- ✓ 根据幼儿的年龄特点和需求投放角色游戏材料,创设游戏环境。
- ✓ 观察并指导各年龄班幼儿参与角色游戏。
- ✓ 尝试撰写角色游戏计划和观察记录表。
- ✓ 结合观察记录表和评价标准,对幼儿角色游戏进行客观评价。

【情感态度价值观目标】

✓ 树立社会主义荣辱观，遵守社会公德，热爱幼儿园教师职业，认同并遵守幼儿园教师职业道德规范。

✓ 当团队合作制订游戏计划时，具备批判质疑、勇于探究的科学素养，善于沟通协作；具备乐观积极的工作态度；具备信息搜索、筛选、归纳和总结的思维习惯。

✓ 当撰写游戏计划文稿时，文字书写工整规范，逻辑清晰。

✓ 当指导幼儿游戏时，以幼儿为本，积极关注幼儿，平等对待幼儿；关注细节，付出爱心、耐心和细心，展现精益求精、乐于吃苦的工匠精神和劳动精神。

✓ 在角色游戏指导过程中，逐步渗透公德意识、公共精神和主人翁意识。

情境导入

在区域活动中，小朋友们正在开展以"医院"为主题的游戏。扮演医生的小米准备给"病人"阳阳打针，阳阳说："不对不对，你给病人打针之前要先用酒精消毒，才能打。"小米用手拿起棉花，直接涂在了阳阳的手臂上，阳阳说："拿棉花不能用手，要用夹子。"

站在一旁的小宝说："我去医院打针的时候，医生都是用棉签在手臂上画圆圈消毒的，要不我来当医生吧，你们看看我是怎么做的。"可是小米不愿意交换角色，三个小朋友争论不休，最后小宝说："那我们就轮流来当医生吧！"小米和阳阳都同意小宝的提议，他们又开心地玩了起来。角色游戏"我是小医生"如图1-1所示。

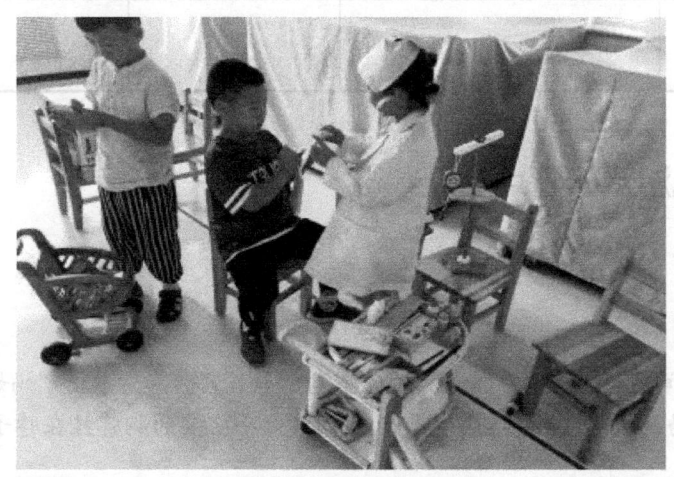

图1-1 我是小医生

【情境思考】

1. 案例中，幼儿在游戏中遇到了什么问题？他们是怎么解决的？
2. 你认为案例中要捕捉的教育契机是什么？

1.1 角色游戏认知

完成本小节学习后，你需要完成〖工作页一〗角色游戏基本知识的填写，见表1-1。

💡 游戏体验

认识与学习角色游戏基本知识后，尝试以"医院""理发店""幸福超市""娃娃家"为主题，选择其中一个，进行情境体验，感受并分析角色游戏的特点、教育作用在该主题下如何体现，思考并分析该情境下角色游戏结构的基本要素。

表1-1 〖工作页一〗角色游戏基本知识

主题	游戏特点的体现	教育作用	角色游戏的结构
医院			
理发店			
幸福超市			
娃娃家			

一、角色游戏的特点

💡 案例分析

生日聚会

区域活动时间到了，落落、圆圆和欣欣来到了娃娃家。落落拿出"妈妈"的胸牌，说："今天我来当妈妈！你们谁当小宝宝呢？"圆圆拿起小宝宝的胸牌挂在脖子上，说："那我当小宝宝吧！"

欣欣一手拿着礼物一手比成电话的样子，说："铃铃铃。"

落落拿手比成电话的样子，说："喂？你是谁啊？"

欣欣说："我是客人欣欣，你做好饭了吗？我买好蛋糕了，一会儿就来参加圆圆的生日聚会啦！"

落落说："马上马上，你先过来吧！"落落放下手机，在厨房里开始准备。

圆圆抱着娃娃，说："小娃娃快睡觉吧，一会我们就要吃美味的蛋糕啦！"圆圆把娃娃放在床上盖好被子，便开始收拾小衣柜。

不一会儿，欣欣走到娃娃家的地垫旁说："当当当！有人在吗？我来啦！"

落落对圆圆说:"快去开门,有客人来啦!"

圆圆开门对欣欣说:"欢迎来我家做客,您先到这里来,我给您倒水喝。"

落落把饭菜摆在桌子上,说:"我们可以开饭啦!"

欣欣拿出蛋糕插好蜡烛,唱着生日歌,吃起了饭菜。三个小朋友一边吃一边笑。

✓ 案例归纳

角色游戏的特点

1．表征性

角色游戏是幼儿对角色、动作、情景等方面进行想象并将其表征出来的活动,是幼儿表征能力发展的产物。幼儿常以动作、语言来扮演角色,并对游戏的动作和情景进行假想,把一个人想象成另一个人,或者把一个物体比作另一个物体。例如,幼儿在"娃娃家",可以扮演爸爸、妈妈,或者弟弟、妹妹等角色,同时会用积木块儿充当电话等。

2．创造性

在角色游戏中,幼儿能充分发挥自主性,根据自己的生活经验和兴趣爱好,并通过自己的想象,将自己的生活体验呈现在游戏中。在角色游戏中幼儿真实地反映自己所体验的现实生活,但又不是机械地复制生活,而是基于自身的想象力和期待,以创造性的方式去反映生活。

3．社会性

角色游戏是幼儿对周围现实生活的体验和反映。游戏的主题、情节、角色、规则等都来源于幼儿的实际生活及在生活中的感受和体验。幼儿在进行角色游戏之前,需要认识、了解社会中各类工作,以及相关岗位及其职责。例如,由于幼儿在生活中有乘坐地铁的经验,因此在游戏中可能会扮演地铁行业中涉及的各个岗位上的工作人员,如售票员、安检员、志愿者等。

二、角色游戏的价值

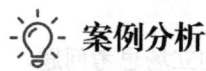

谁来当妈妈

游戏开始的音乐一响起,琦琦就拉着格格和寇宝"冲"进了娃娃家,并且很快分起了角色。"你当爸爸,你当宝宝。"琦琦指着格格和寇宝说。"行。"格格一口答应。但是寇宝可不愿意了,大声嚷嚷起来:"怎么又是你当妈妈,我也想当妈妈!"寇宝一边说着一边抢起了琦琦手里的象征妈妈的角色牌。"你不会当,当然我来当,而且你长得高,就应该当爸爸。"琦琦也不示弱,立刻大声地反击。我听见声音立马走过去,拦住了她们的动作。"两个好朋友怎么吵架了?当妈妈是需要掌握本领的,你们都会吗?例如,给宝宝换尿不湿、给宝宝喂饭、做饭等。"我看着她俩说道。"我会我会。"寇宝一边说一边有模有样地拿起小锅开始煮饭。琦琦见了也不甘示弱,立刻加入并说:"老师,我可以带宝宝去晒太阳,让她长高高。""你们表现得都很棒,老师也选不出到底谁来当妈妈合适,不如就让宝宝自己选择吧。"格格想了一会儿说:"琦琦先当,玩一会儿之后再交换嘛!"两个小朋友听了都点点头,没一会儿,就开心地玩了起来。

问题：

案例中小朋友们为什么起冲突？该教师是怎么解决的？对你有什么启发？

案例归纳

角色游戏的价值

1. 促进智力发展

幼儿在进行角色游戏时，会根据所选角色全身心地投入游戏，在轻松愉快的气氛中玩耍和学习，积极调动已有的知识经验进行思考、回忆，并用语言、动作对所想象的内容进行诠释和呈现，可以促进幼儿智力的发展，使幼儿的记忆、想象、思维和语言等能力得到发展。同时，幼儿用游戏材料代替实物，遇到问题时需要自己想办法解决，在这个过程中幼儿不仅能够自己思考问题，还能发展出独立解决问题的能力。

2. 促进创造力发展

角色游戏的开展都是在创设的模拟环境中通过"装扮"进行的，是对生活环境与生活情景的虚构与再现。在游戏中，幼儿根据游戏主题，对所选角色的形象、服装、道具，以及语言、行为、情节等方面进行思考和安排。因此，游戏的整个过程都在培养和发展幼儿的主动性和创造性，促进幼儿的认知发展和情感发展。

3. 促进社会性发展

幼儿在自主开展角色游戏时，会对游戏主题、内容、情节及角色分配等问题进行沟通与交流，这有助于幼儿社会交往能力和协作能力的发展。同时，幼儿在扮演角色时，会不断体会自己所扮演角色的情感，理解其他角色的特点，并学会以该角色应有的行为方式、语气语调和肢体动作等进行角色的呈现。这样就使幼儿在游戏中形成了两种类型的交往关系：一种是现实中的同伴关系，另一种是游戏中的角色关系。这两种关系都为幼儿的社会性发展提供了有利条件，能够促进幼儿自我意识、独立性和主动性的发展。尤其是游戏中的角色关系，通过对不同角色本身具有的内涵、定义和其职责的理解和体验，能够全面促进幼儿社会交往能力的发展。

4. 促进情绪情感发展

在扮演角色的过程中，幼儿把自己假想成某个角色，站在这个角色的立场思考问题，设身处地地体验该角色的情绪和情感，从而潜移默化地影响幼儿性格的形成，培养幼儿良好的习惯。同时，幼儿的意志力、自制力、自控能力较弱。在游戏中，幼儿自愿担当了一定的角色之后，通过调节自己的行为来满足角色的性格特点和行为习惯，从而弥补了自己原有性格的不足之处。例如，平时活跃、好动的幼儿，在担任"警察"或"武警士兵"等角色时，培养其意志品质和自控能力；平时安静不爱讲话的幼儿，通过扮演"售货员""导购员""收银员"等角色，锻炼其语言表达和与人交往能力等。

此外，角色游戏要求幼儿遵守游戏的内在规则。在游戏过程中，依据游戏情境和人物的性格特点，幼儿努力克服困难，服从规则，改变自身行为习惯，这无形中就提高了其自我控制能力，从而培养了幼儿良好的意志品质。

5. 促进身体和语言发展

幼儿在开始游戏前，需要通过彼此相互交流，进行角色选择、任务分工、情节创设等。在角色游戏开展的过程中，幼儿根据所扮演的角色，在相应情境下与其他角色沟通，促进情节的开展，对幼儿语言的发展有很大的帮助。同时，幼儿在身心愉快的状态下，操作着各种游戏道具和材料，促进了幼儿身体的发育和动作的发展，提高了幼儿的手眼协调能力。

总之，角色游戏在幼儿的生活中占有重要的地位，对于促进幼儿身心全面发展具有重要意义。

三、角色游戏的结构

角色游戏的结构

角色游戏的结构是指角色游戏包含的基本要素，包括角色游戏中的人、物、情节和规则。

1. 人

幼儿在角色游戏中所扮演的角色通常是他们所熟悉的、自己认为重要的、对自己产生影响的人物，如教师、父母等他们很尊敬的人；或者是令幼儿比较畏惧的一类人，如医生、警察等；抑或是他们比较感兴趣的人，如飞行员、收银员、消防员等。幼儿借助语言、动作、表情等，重新组合头脑中已有的人物表象，创造新的人物形象，从而展现自己对角色的认识和理解。

2. 物

角色游戏离不开游戏材料的辅助和支持。在游戏中，幼儿会对游戏材料和道具进行假想，这些材料和道具就是角色游戏中的物。不同幼儿的认知水平、思维发展水平各不相同，还有着不同的生活经验，不同幼儿对同一事物也有不同的想象。例如，在"娃娃家"游戏中，幼儿会把积木块当作饼干，把树叶当作菜，把枕头当作娃娃等。他们要想共同参与游戏就需要与其他幼儿交流，使其他幼儿能理解与接受自己的假想环节。

3. 情节

角色游戏中的情节是指幼儿对游戏情景和人物动作的假想。游戏情节与一定的情景是分不开的，而幼儿对游戏情节的假想又会衍生出相关的情景。例如，对于宝宝生病了的处理办法，幼儿可以根据自己的生活经验决定情节的发展，可以选择给家长打电话，可以去医院就医，也可以拨打120等。

此外，幼儿对游戏情景和动作的假想还具有概括性。例如，妈妈喂小宝宝喝奶、医生给病人打针等，都是对母亲、医生的动作，以及家庭和医院情景的概括。这样就为幼儿集体合作游戏提供了可能性，使具备不同经验的幼儿可以参与同一主题的游戏。

4. 规则

角色游戏中的规则表现为：正确地表现现实生活中每个人物应有的语言、动作、态度、顺序，以及与他人的相互关系等。例如，"去医院看病要先挂号，才能看医生""去超市买东西要排队，不能插队""医生打针要先使用酒精棉进行消毒，再打针"等。

角色游戏中的规则与规则游戏中的规则不同。规则游戏中的规则是经参与游戏的成员一致认可的、提前预设好的规则，该规则可根据游戏情况和参与游戏者的需求进行改变，是外在的。而角色游戏中的规则是受角色特点制约的，扮演哪种角色就要按照角色相应的行为特点、要求等来开展游戏，这种规则是无法提前预设的，是伴随着情节的发展、情景的转变、角色行为的不断变化而产生的，这就是角色游戏中规则的内在性。

1.2　游戏计划制订

完成本小节学习后,你需要完成〖工作页二〗,见表 1-2。

通过对角色游戏指导内容的学习,进行小组合作、探究学习,思考教师在组织角色游戏时需要做哪些工作。以"医院""理发店""幸福超市""娃娃家"为主题,选择其中一个,制订一个角色游戏计划,并完成〖工作页二〗角色游戏计划的填写。

表 1-2　〖工作页二〗角色游戏计划

主题	年龄班	幼儿原有水平	目标	环境创设	投放材料	指导要点
医院						
理发店						
幸福超市						
娃娃家						

教师要开展角色游戏,首先要制订游戏计划,主要工作内容包括确定游戏目标、提供游戏准备、激发游戏兴趣、指导幼儿选择和分配角色、指导幼儿丰富游戏内容、引导幼儿遵守游戏规则。

一、确定游戏目标

对于角色游戏的开展,在确定游戏目标前,首先需要确定游戏主题。角色游戏是幼儿自主自愿的游戏,而这种自主选择通常体现出幼儿在发展过程中的兴趣和需求。因此,教师要善于发现和挖掘幼儿的兴趣点,适当启发幼儿游戏的动机,协助幼儿确立主题。角色游戏的主题源自日常生活,以幼儿自身的经验为基础,是幼儿生活经验的体现。

确定主题后,就到了根据幼儿的年龄特点制定游戏目标的阶段。不同年龄阶段的幼儿的认知水平、各方面能力发展等都是不一样的,因此,角色游戏水平也不尽相同。在开展角色游戏时,教师要根据幼儿的年龄特点,同时在尊重幼儿的兴趣与需求的基础上,制定角色游戏的目标,以便更有效地拓展幼儿的社会生活经验,提升其游戏水平,进而发展幼儿的社会交往、语言表达等能力。

小班幼儿的角色游戏以模仿为主,大班幼儿的角色游戏则以创造为主。教师应针对不同的年龄班确定游戏目标,从而更有针对性地开展角色游戏。

1. 小班角色游戏的特点

小班幼儿在开展角色游戏时,其游戏主题的选择往往依赖于游戏材料,通常面前摆放什么游戏材料，幼儿就开展什么主题的游戏；该阶段幼儿处于平行游戏的高峰期，喜好模仿，喜欢和同伴玩同样或相似的游戏，"争吵"等现象时有发生；在角色游戏中，幼儿之间的相互交流、沟通较少，偶尔会因玩具材料不够，需要向同伴借玩具而进行简单交流，或对游戏简单评论，如"你们超市里的水果真多呀"等；小班幼儿角色游戏没有组织者，没有明确的主题，目的性也不强，情节简单，往往重复某个同样的动作，如模仿司机开车、模仿妈妈切菜等；角色意识不强，幼儿在游戏的时候往往意识不到自己正在扮演角色。由于生活经验有限，小班幼儿更多开展以"家"为主题的游戏。

案例分享

小班案例：可乐和星星在娃娃家里玩。只听见"哇"的一声，我闻声走过去一看，原来是可乐哭了。我走上前，问："可乐，你怎么啦？"可乐哭着说："她抢我的煤气灶。""星星，你为什么要和他抢东西呀？""他不把煤气灶给我烧菜呀！""你们今天在娃娃家里做什么？""我当的妈妈。""我当的爸爸。"他们告诉我。"那你们的爸爸妈妈在家里抢东西吗？"他们两个直摇头。"对呀，爸爸妈妈是一家人，要相亲相爱，你们今天当的是爸爸妈妈，所以也要相互谦让，好吗？"他们俩听了后使劲地点了点头。

2. 中班角色游戏的特点

中班幼儿角色游戏的内容开始逐渐丰富，随着认知能力的增强，游戏持续时间也会不断延长，但游戏主题还不稳定，经常出现半路换场的现象。在角色的扮演上，中班幼儿有了一定的角色意识，但游戏情节比较简单。此时，幼儿正处于联合游戏阶段，产生了与同伴交往的愿望，但交往技能还比较欠缺，因此常常与同伴发生纠纷。

案例分享

中班案例：今天角色游戏的活动时间又到了，程程担任的是理发店的发型师。可乐来到了理发店，程程开始为他理发。程程一只手拿着梳子，另一只手拿着小推子，梳一梳，推一推，有模有样地为顾客理着发。理完了，顾客照了照镜子，高兴地走了。程程看到顾客走了，又没有新的顾客来，就在椅子上坐了下来，摆弄着理发店里的物品。摆弄了一会儿，程程看还是没有顾客来，便走到好朋友洋洋面前，说："你愿意当我的小客人吗？"洋洋说："你先陪我在拼插区玩会儿，我再当你的小客人。"于是，程程来到拼插区开始玩了起来。好长时间过去了，程程仍然在拼插区玩得不亦乐乎，在老师的提醒下他才放下手里的各种玩具，离开拼插区，回到理发店继续当理发师，等待顾客上门。

3. 大班角色游戏的特点

大班幼儿的生活经验与认知水平进一步提升，能根据自己的经验和知识，主动在游戏中反映更为丰富的生活和较为复杂的人际关系。他们在游戏活动中的独立性、计划性和合作能力也得到了提高，可以根据自己的愿望合理地进行游戏，游戏内容丰富、主题新颖，而且游戏规则也变得越来越复杂。大班幼儿处于合作游戏阶段，合作意识和能力明显增强，喜欢并愿意和同伴合作开展游戏，沟通合作、解决问题的能力逐步增强。

🐋 **案例分享**

大班案例：

时间：2022年10月10日

地点：星辰影院

大三班的小朋友在兑换完电影票后，安静地看着手中的电影票并找到了自己对应的位置。这时涵涵说："壮壮，你坐错位置了。"壮壮听后一边站起来一边指着章章，说："那他坐了我的位置。"涵涵对壮壮说："我看看你的电影票。"壮壮把电影票给了涵涵，涵涵看完后对着章章说："我看看你的座位号。"章章站了起来，涵涵对着壮壮说："壮壮，这是你的位置。"又对着章章说："你坐错位置了，我看看你的电影票。"章章把电影票给了涵涵，涵涵说："你是4排3号座位，你坐这儿。"说完，涵涵对着所有小朋友说："大家都找到自己的座位了吗？我可以帮你们找座位。"说完，二鸣、西西纷纷站起来把手中的电影票给了涵涵并说："你看，我坐对了吧！"涵涵接过电影票说："我看看，你坐对了。"就这样，涵涵帮助小朋友们找到了自己位置。

时间：2022年10月24日

地点：星辰影院

区域活动时间还没到，大三班的小朋友们就已经早早地来到影院门口做着准备工作。涵涵拿起店长的工牌，说："大家快来选一下自己的职位吧！一会儿我们来开早会。"只见恬恬、沐子和七喜各自挑选好自己的工牌并戴了起来。涵涵说："今天来看电影的是小四班的弟弟妹妹，他们还找不到座位，七喜和我来帮助弟弟妹妹找座位，记得让弟弟妹妹来找我和七喜。恬恬是检票员，站在检票口。沐子和岳老师一起兑换电影票，一定要看好兑换规则。我们一起来加个油，希望今天能营业成功！"说完，恬恬、沐子、七喜和涵涵把手叠在一起，说着："加油，加油，加油。"

刚加油鼓励完，小四班便出现在电影院的大门外。涵涵和七喜站在警戒线以内，沐子来到兑票窗口，恬恬手拿压花器站在检票口。在小四班老师的引导下，弟弟妹妹们排好队依次走了进来。沐子温柔地说："欢迎来到星辰影院，你有几个蓝色开心币呢？"小弟弟把手里的开心币全给了沐子，沐子说："你有两个蓝色开心币，可以买VIP座位。"弟弟点点头，接过电影票，拿到电影票低头就要钻过警戒线，我刚想制止就听见七喜说："弟弟，你要往前走，去找前面的姐姐领小星星。"小班弟弟顺着七喜手指的方向往前走，来到了恬恬面前。恬恬在弟弟的电影票上压出一个小星星说："你的座位在VIP1号，去找那个姐姐帮你找下座位吧！"涵涵接过弟弟的电影票，带着他来到了VIP1号座位。就这样，小四班的弟弟妹妹们在引导下都找到了自己的座位。七喜来到前面，对着海报介绍了今天观看的电影的名称与小知识，然后岳老师播放了影片，小四班第一次的观影活动就这样顺利进行着。

二、提供游戏准备

在开展角色游戏前，教师的主要工作任务之一就是为游戏顺利开展创造良好的环境和条件，包括两大方面。

1. 经验准备

角色游戏是幼儿对现实生活的反映，幼儿的生活经验越丰富，游戏的内容就越充实、越新颖。为了充实角色游戏的内容，教师一方面要利用日常集体教育活动、生活活动和游戏活动拓展幼儿的视野，引导幼儿多观察周围生活，同时，让他们在游戏中体验生活、感受生活；另一方面，还可指导和协助家长安排好幼儿的家庭生活，丰富幼儿的生活经验。

幼儿所表现出来的并非是周围生活的直接反映，而是经过他们自身的思考和情感的积累，在特定情境下的反映。因此，教师不应该在一次参观和教育活动结束后，立即要求幼儿将所观察到的内容完全复制到游戏中，而应该给幼儿充分思考、理解和消化吸收的时间。

2. 物质准备

在角色游戏活动中，场地、设备、玩具和材料都是必不可少的。充分恰当的物质材料，不仅可以促进幼儿顺利开展游戏，还能激发其游戏兴趣和想象力。物质准备需注意以下几个方面。第一，要为幼儿设定固定的游戏场地和设备设施。第二，游戏材料的投放，要注重适时、适量，科学有效。角色区材料投放如图 1-2 所示。在游戏中，教师应注意观察幼儿游戏的进展情况，根据幼儿需求，随时补充与幼儿游戏主题相关的玩具和材料，定期整理并及时撤掉与主题无关的或幼儿不感兴趣的游戏材料，帮助幼儿进一步拓展游戏情节。教师可在活动室的一角设立一个百宝箱，将一些半成品和废旧物品等原材料放在里面，给幼儿更大的创造和想象的空间。同时，教师还可以带领幼儿亲自到美工区制作材料，使幼儿体会亲手制作材料的乐趣和成就感。

图 1-2　角色区材料投放

三、激发游戏兴趣

当幼儿第一次玩某个主题的角色游戏时，对于教师来说最主要的任务就是激发幼儿游戏的兴趣，并让这种兴趣贯穿游戏的全过程。

1. 材料激发

教师可以选择幼儿感兴趣的材料，引导幼儿思考它像什么，或者在生活中哪些情景需要使用它，从而激发幼儿的兴趣，使幼儿联想到相关的生活经验，为游戏的开展做铺垫。

2. 情景启发

教师还可以通过与幼儿讨论与主题相关的话题，激发幼儿的兴趣，引出主题。例如，教师可以通过与幼儿讨论"周末爸爸妈妈带小朋友吃了什么"的话题，引出开烧烤店、吃烤串等与餐饮相关的话题。游戏主题应紧密联系幼儿生活，自然地激发幼儿的兴趣。

3. 视频资料

有一些主题，尽管是幼儿所熟悉的，但是其专业性强，对此可以通过观看视频、动画等方式，使幼儿直观地感知，更为形象生动地观察，进一步激发幼儿游戏的兴趣。

4. 主题讨论

对于大班幼儿，角色游戏的主题通常源自集体教育活动的延伸。幼儿的认知和能力发展，通过游戏活动得到了体验和实践，使得大班幼儿角色游戏具有针对性更强的教育意义。例如，在"我是健康好宝宝"主题活动后，幼儿可以在角色游戏中进一步开展以"健康餐馆"为主题的活动，使幼儿进一步了解各种食材的功效和烹饪方式，以及健康饮食习惯的重要性等。

四、指导幼儿选择和分配角色

角色游戏是一种让幼儿自由选择角色的活动，他们可以根据自己的兴趣和想法来决定选择什么角色。因此，在分配角色时，教师的指导首先要遵循幼儿自愿原则。当幼儿自主分配遇到困难时，教师可采取抽签、猜拳、轮流、游戏等多种方式引导幼儿进行分配。同时，对于幼儿不愿承担某个角色的情况，教师应依据尊重原则，尊重幼儿的想法和意愿，适当进行正面引导。

教师可根据幼儿的性格和特点，协助幼儿选择角色。例如，让性格比较安静、内向的幼儿去扮演活泼的、活动性强的角色，如警察、医生等；而对于那些外向、活动性过强的幼儿，则建议他们扮演一些需要耐性的角色，如门卫、收银员等。同时，教师还要做好平衡，不要总是让那些能力强的幼儿扮演主要角色，要注意角色选择的公平性和针对性。

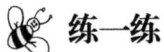
练一练

分析下列角色和与角色相对应的生活经验，完成表1-3 练一练。

表1-3 练一练

主题	角色名称	角色生活经验
医院		
理发店		
烤鸭店		
娃娃家		

五、指导幼儿丰富游戏内容

在角色游戏中，丰富的内容和情节有助于游戏的顺利开展。教师可以以某一角色的身份参与到游戏中进行指导，也可以通过提供玩具和材料的方式推进游戏进展和丰富游戏内容。

1. 教师参与

教师在游戏中扮演某个角色，既能激发幼儿参与游戏的兴趣，又能更好地激发幼儿的潜力，调动幼儿的主动性、创造性，进而丰富游戏内容和情节。教师的参与，要注意适时适度，尽可能自然地融入其中，不要让幼儿感到被干涉，在不知不觉中提高幼儿游戏的能力和水平。

2. 提供材料

教师应注意观察幼儿游戏的情况，当发现幼儿在游戏开展过程中遇到困难时，要随时增加与游戏主题相关的玩具和材料，帮助他们进一步探索游戏情节。

3. 加强联系

角色的职责及其相互关系，是角色游戏的重要规则，也是反映幼儿社会性发展的重要指标。幼儿在刚开始游戏时，往往独自摆弄玩具。随着游戏的逐渐进行，他们开始注意其他角色及其行为，从而开展交流与合作。随着幼儿所扮演角色之间的互动和联系的不断增强，游戏的内容也逐渐丰富。

需要注意的是，游戏中角色之间的联系是自然的联系。教师应注意保护幼儿游戏的完整性，不能在中途刻意打断幼儿、刻意让幼儿去联系，以免影响幼儿在游戏中的主动性、积极性和创造性的发挥。

六、引导幼儿遵守游戏规则

角色游戏包含内部规则和外部规则。内部规则指角色本身的职责及角色间的相互关系。对内部规则的遵守，通常由幼儿对该主题游戏的社会经验决定。当幼儿缺乏社会经验时，他们就不知道所扮演角色需要做哪些事情，或者不理解角色间应有的关系。此时，教师要引导幼儿发掘角色的职责，按照角色的职责任务和角色之间应有的关系开展情节。

外部规则指开展游戏必须遵守的常规规则。外部规则包括爱护玩具、保护游戏场地环境卫生、结束游戏后能有序收放玩具等方面。对于外部规则，可在游戏开始前，请幼儿共同讨论，从而确定相应的规则，以增加幼儿对规则意义的理解和认同。

七、各年龄阶段角色游戏的指导要点

不同的年龄阶段，幼儿游戏发展的层次也各不相同。例如，小班幼儿的角色游戏以模仿为主，大班则以创造为主。教师应针对不同的年龄班，选择不同的侧重点进行指导，以最大限度地、有针对性地促进幼儿发展。

1. 小班角色游戏的指导要点

小班幼儿生活经验较少，更多地依赖游戏玩具和材料开展角色游戏，因此教师要提供种类较少、数量较多的成型玩具，保证每个幼儿都有玩具，以激发幼儿游戏的兴趣。教师多以扮演角色的形式参与幼儿游戏，用角色的语言、动作、神态等来指导幼儿，帮助幼儿挖掘生活经验，引导他们与同伴进行各种游戏内外的交往。小班幼儿开展角色游戏，往往需要教师协助他们明确主题、选择角色，同时还要注意游戏规则和良好习惯的培养。在此基础上，教师要引导幼儿逐步稳定游戏主题，不断丰富游戏内容和情节。

2. 中班角色游戏的指导要点

教师应根据游戏主题的需要，在提供成型玩具的基础上，增加半成品或者包含白纸、彩笔、废旧物品在内的原材料，促进幼儿想象力和创造力的发挥，满足幼儿的个性化需求。对于中班幼儿的游戏指导，教师应在引导幼儿自主分配角色、确定游戏主题的基础上，启发幼儿设计和拓展游戏情节，加深其对角色的理解。此外，教师还要注意观察幼儿之间发生的问题和冲突，了解冲突原因，引导幼儿通过开展小组讨论、集体讨论等方式学会解决简单纠纷的办法，逐步培养幼儿与他人合作、交往的能力，从而进一步发挥他们的主动性和积极性。

3. 大班角色游戏的指导要点

大班幼儿的独立性、计划性和合作性显著提升，他们的游戏内容更加丰富，教师应该重视培养他们的独立思考能力，让他们能够更好地探索新的主题、组织和安排游戏，并能够自主解决游戏中出现的问题和纠纷。

为了让大班幼儿更好地发挥创造力，我们应该提供更多的原料和废弃物料，引导他们自己动手制作玩具。在游戏中，教师应更多地用开放性问题引发幼儿的思考，以建议、商讨的方式和口吻指导幼儿，充分发挥幼儿的主动性。教师对幼儿的合作能力和水平也要加以关注，引导幼儿在游戏中与他人展开深入的沟通交流，以反映现实生活中更复杂的社会关系，促进幼儿的社会性发展，培养幼儿良好的合作意识和沟通能力。大班幼儿在语言表达和逻辑思维能力上有明显的提高，因此在游戏评价环节，教师也应充分调动幼儿的主动性，给予幼儿更多表现的机会，引导幼儿主动分享游戏感受、同伴之间相互评价，培养他们分析问题的能力和逻辑思维能力。

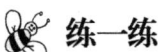 **练一练**

扫描二维码，分析视频中教师用了哪些方法进行角色游戏的指导，完成表 1-4 角色游戏指导。

表 1-4　角色游戏指导

角色游戏主题	指导要点

八、决策评价

以小组为单位对本组角色游戏计划进行展示分享，教师对照决策评价表（见表 1-5）查找问题，对本组的计划进行修订并决策，确定最终的角色游戏计划。

表1-5 决策评价表

评价内容	评价标准	是否合理
游戏材料的投放	数量充足；种类丰富；符合主题，幼儿的年龄特点、兴趣爱好、生活经验；方便幼儿游戏时随时取放	
环境的创设	墙面创设具有动态性，能根据幼儿游戏主题及时调整； 能为幼儿游戏提供必要的示范、提示、欣赏、分享等支持，引发幼儿与之互动	
游戏目标	符合该年龄阶段幼儿的年龄特点和角色游戏的水平	
游戏指导要点	能够把握时机介入游戏，指导方式方法适宜，能够有效地帮助幼儿自主解决问题	

1.3 游戏组织实施

完成本小节学习后，你需要完成〖工作页三〗，见表1-6。

以小组为单位，依据本组所制订的游戏计划，选择一名同学扮演幼儿园教师，其他同学扮演幼儿，进行情境表演并分组展示。各小组对其他小组的表演进行观察，并完成〖工作页三〗观察记录表的填写。

表1-6 〖工作页三〗观察记录表

观察名称				
观察教师			观察地点	
观察目标				
观察对象		年龄		观察时间
观察原因				
观察实录				
观察分析				
教育措施				

教师不应是整个角色游戏计划的设计者和实施者，而应成为幼儿游戏的观察者、促进者、支持者和引导者。同时，不同年龄阶段的幼儿有着不同的特点，教师要根据这一特点进行有针对性的指导。

一、观察与记录

在幼儿进行游戏的过程中，教师应做好观察与记录，为游戏指导做好准备。

1. 游戏观察方法

在游戏开展过程中，研究者总结出三种最常用的观察方法。

（1）扫描法，即时段定人法。对班里的全体幼儿平均分配时间，在相等的时段里，对每个幼儿轮流进行扫描观察。该方法适合了解全体幼儿的游戏开展情况。通过这种方法，可以了解幼儿对哪类游戏或者材料感兴趣。选用这种方法，一般可以使用表格进行记录。

（2）定点法，即定点不定人法。观察者固定在游戏中的某一地点进行观察，看见什么就观察什么，只要是来此点的幼儿，都可以作为被观察对象。这种方法可以帮助教师更好地理解某一种题材或某个地区的幼儿游戏状况，从而更好地掌握他们的动态信息。

（3）追踪法，即定人不定点法。观察者在游戏活动中跟踪一到两个幼儿的行为，从而更好地了解他们的活动发展水平。被观察的幼儿走到哪里，观察者就追随到哪里。这种方法适合于观察了解个别幼儿在游戏全过程中的情况，能够全方面了解该幼儿的游戏发展水平。

在游戏观察中，教师应该具备随机性和计划性，以便更好地掌握幼儿的情况。每次观察都应该有明确的目标和重点，并且依据幼儿的具体情况、特点适时改变观察的方向。另外，教师在观察时，还要注意将全面性和个别性相结合。教师在观察的过程中，既要观察全体幼儿的情况，也要有重点地观察个别幼儿游戏的情况。针对观察到的情况，教师要进行有针对性的指导。

2. 游戏记录方法

科学的观察需要记录，并讲究科学的记录方法，这样才能全面有效地获取重要的观察信息。对幼儿游戏观察记录的方法有很多，在这里，主要介绍在幼儿园实际工作中使用较多并且较好操作的一些方法。

（1）日记描述法

日记描述法是观察者对观察对象进行长期的跟踪观察，并采用日记的方式记录观察对象行为表现的方法。这是一种纵向的观察描述，着重记录观察对象的发展性变化。这种记录方式常用于个案研究，要求观察者与观察对象频繁接触。如果教师需要对某名幼儿3年的表现进行长期的跟踪研究，则可以使用这种方法。

（2）轶事记录法

轶事记录法是观察者发现研究对象在某一自然情景中表现出独特的、有价值的典型行为和事件时进行的描述性记录。轶事记录法着重记录观察者感兴趣的，认为有价值的、有意义的行为和事件。轶事记录可以采用卡片的形式，一般以单一事件的简短描述为主。

（3）实例描述法

实例描述法是根据预先确定的标准，尽可能地对所发生的行为、事件进行详尽的、连续的观察描述。实例描述法将持续观察的重点指向事件本身，且要求有更详尽的细节、提前确定的标准和一定的记录格式。实例描述法可以根据观察目标来详细观察、描述幼儿的特定行为表现。

实例描述法常见观察记录内容如下。

- ❖ 观察基本信息：幼儿姓名、年龄、观察时间。
- ❖ 观察目的：为什么进行这次观察？
- ❖ 幼儿游戏中所选用的材料。
- ❖ 幼儿行为的描述。
- ❖ 幼儿解决问题的策略（找教师、找同伴、自己解决）。
- ❖ 观察者拟使用的支持策略（材料、语言、动作等）。

二、指导方法

指导建立在观察的基础上。在游戏过程中，教师首先应对幼儿游戏进行充分观察，之后找到介入指导的时机，进行适时、适度的指导。

1. 选择时机介入

尽管学者都认为游戏是幼儿自主自愿的活动，但是他们同样认为离开教师指导的游戏的质量水平是不高的。因此，在游戏过程中，教师需适时介入幼儿的游戏，从而提高幼儿的游戏水平与质量。当然，这种指导活动是建立在观察与尊重幼儿意愿与兴趣的基础之上的。

教师何时介入游戏才是恰当的呢？

（1）幼儿遇到问题、困难时；
（2）有不安全因素出现时；
（3）幼儿主动寻求帮助时；
（4）幼儿出现消极情绪时；
（5）幼儿的游戏多次在原有水平重复时。

角色游戏中的六个关键因素分别为：想象的角色扮演，想象的以物代物，有关动作与情景的想象，角色扮演的坚持性，社会性交往，言语交流。这六个因素是教师在游戏过程中干预或指导的重点。在游戏中只要观察发现幼儿在这六个因素中有一个因素没有完成，教师就可以介入。

例如，在"我是小小飞行员"游戏中，当客人提出很无聊、没事做的时候，扮演空中乘务员的幼儿不知道该怎么办。在这种情况下，教师可以适时介入，鼓励幼儿回想一下自己在乘坐飞机时乘务员是怎么提供服务的。

2. 选择介入方法

对于游戏的介入方法，不同的研究者提出了不同的介入策略。

有研究者根据教师在游戏过程中影响游戏的形式，将教师介入游戏的方法分为平行介入、交叉介入、直接介入。

（1）平行介入

平行介入是指教师利用与幼儿相同或不同的材料玩游戏，引导幼儿模仿学习，起着暗示指导的作用。此法比较适合小班幼儿。

（2）交叉介入

交叉介入是指当幼儿需要教师参与游戏或教师认为有指导的必要时，幼儿邀请教师作为游戏中的某一个角色或教师自己扮演某个角色进入幼儿的游戏，通过教师与幼儿、角色与角色间的互动，起到指导幼儿游戏的作用。当幼儿游戏情节较单一，内容不够丰富时，教师可采用此方法引导幼儿与教师所扮演的角色进行互动，从而丰富游戏内容。中大班幼儿更适合用交叉介入法。

（3）直接介入

直接介入是指在幼儿游戏中出现严重的违反规则、攻击等危险行为时，教师直接进入游戏，对幼儿的行为进行直接干预。这种方式很容易破坏幼儿的游戏行为，一般情况下不使用。也有研究者提出了以教师本身为媒介、以材料为媒介、以幼儿伙伴为媒介的策略。

1.4 游戏评价反思

完成本小节学习后，你需要完成〖工作页四〗。

各小组依据对其他组情境表演的观察和记录，对该组幼儿游戏进行评价，完成〖工作页四〗幼儿角色游戏评价表的填写，见表1-7。

表1-7 〖工作页四〗幼儿角色游戏评价表

评价内容	评价维度	评语
主题目的性	1. 无目的、无主题 2. 目的不明确，容易附和他人 3. 能确定主题，但会出现变化 4. 主题明确，能坚持并围绕主题拓展	
主动性	1. 不参与游戏 2. 能参加现成的游戏 3. 在别人带领下，互动游戏 4. 主动游戏	
对所担任角色的理解程度	1. 不明确角色 2. 在他人带领下，逐渐明确角色 3. 明确角色 4. 能主动担任角色	
遵守职责	1. 不按照角色职责开展游戏 2. 有时按照角色职责开展游戏 3. 基本能按照角色职责开展游戏 4. 清晰了解职责，并一直按照角色职责开展游戏	
角色间关系	1. 独自玩，与同伴没联系 2. 与同伴偶尔有联系 3. 在启发下，与同伴保持联系 4. 明确角色关系，相互配合游戏	

续表

评价内容	评价维度	评语
材料运用	1. 凭兴趣使用 2. 按照角色需要使用 3. 创造性地使用 4. 为游戏的开展自己设计制作玩具	
组织能力	1. 无组织意识与能力 2. 基本上会商量着分配角色 3. 能出主意使游戏进行下去 4. 带领同伴玩，能解决问题	
情绪	1. 情绪消极 2. 情绪一般 3. 情绪良好 4. 情绪积极	
专注力	1. 注意力水平较低 2. 注意力容易分散 3. 注意力集中，偶尔分散 4. 专注，持续时间长	
规矩与习惯	1. 遵守角色职责和规则 2. 爱护玩具 3. 能收放整齐，动作迅速	
创造力	在有主题的基础上，具有一定创造性	

一、幼儿游戏评价与总结

幼儿游戏结束以后，就进入游戏的最后一个环节——讨论总结环节。这个环节在不同文献中的用词有些差异，有的使用"讲评环节"，有的使用"分享环节"。但它的目的是一样的，就是梳理幼儿的经验，解决游戏中出现的矛盾与冲突，推进游戏的进程。

这个环节主要整理幼儿的经验，解决新出现的问题，并进一步激发幼儿游戏的兴趣与自信心。因此，可以采取如下策略。

第一，让幼儿分享游戏感悟。

教师通过询问"游戏的内容是什么""情节是什么""使用了什么材料""安排的场景是怎样的""有哪些合作伙伴"等问题，引导幼儿梳理总结自己的游戏经验。同时，教师还需引导其他幼儿认真倾听，及时回应，使个别幼儿的经验转变为全体幼儿的共同经验。

第二，教师通过言语的支持，使幼儿完整讲述游戏中碰到的困难与解决策略。

教师可进行有目的的提示。例如，你今天玩得开心吗？为什么？遇到困难了吗？心里是什么感受？是如何解决的？类似问题的提示可以使幼儿的讲述更加完善、更加具体。例如，在"米奇烧烤屋"游戏中，有幼儿使用支付宝支付，可是"收银员"不知道应该如何应对这种支付方式。教师可以使用语言询问"收银员"在今天的游戏中碰到了什么新问题，是怎么解决的，使幼儿完整讲述自己在游戏中碰到的问题与解决策略。

第三，共同讨论。

在个别幼儿讲述之后，教师可以启发其他幼儿讲述自己的感受并引导大家讨论。教师可以提出以下一些问题。例如，你有什么问题要问吗？你还有其他不同的方法吗？以此帮助幼儿获得游戏中未获得的经验与策略。例如，在"社区医院"游戏中，病人问药剂师："我这个药应该怎么吃呀？"可是药剂师并不知道应该怎么吃，这是幼儿在游戏中碰到的问题。教师可以把这个问题作为共同问题进行讨论，"平时大家吃药的时候，医生是怎么说的呢？"，使幼儿进一步知晓药量的概念。

二、工作过程评价

各小组对本组游戏实施全过程进行反思评价，并填写表1-8工作过程评价表。

表1-8　工作过程评价表

评价内容	是否达成	问题与不足	改进措施
根据幼儿的年龄特点和需求投放角色游戏材料，创设角色游戏环境			
观察并指导各年龄班幼儿开展角色游戏			
尝试撰写角色游戏计划和观察记录表			
结合观察记录表和评价标准，对幼儿角色游戏进行客观评价			
在团队合作制订游戏计划时，具备批判质疑、勇于探究的科学素养；善于沟通协作，具备乐观积极的工作态度；具备信息搜索、筛选、归纳和总结的思维习惯			
在撰写游戏计划文稿时，文字书写工整规范，逻辑清晰			
在指导幼儿游戏时，以幼儿为本，积极关注幼儿，平等对待幼儿；关注细节，付出爱心、耐心和细心，展现精益求精、乐于吃苦的工匠精神和劳动精神			
在角色游戏指导过程中，逐步渗透公德意识、公共精神和主人翁意识			

三、工作反思

1. 请以海报的形式，图文并茂地对本单元角色游戏内容进行梳理。
2. 反思任务实施过程，思考以下问题。
（1）你依据哪些因素来制定角色游戏目标？具体是什么？
（2）你投放了哪些游戏材料，并创设了怎样的游戏环境？该环境与材料在游戏实施过程中是否合理？
（3）游戏实施环节，你采用了什么指导方式？具体是如何进行指导的？
3. 请对照本单元学习目标，对所学内容进行反思，根据自己的掌握程度，在表1-9工作反思评价表中给出具体星数，5颗星即为满分。

表1-9　工作反思评价表

评价内容	掌握程度★
说出角色游戏的特点和种类	☆☆☆☆☆
说出角色游戏的教育作用	☆☆☆☆☆
总结角色游戏的指导内容	☆☆☆☆☆
说出各年龄班角色游戏的特点与指导要点	☆☆☆☆☆
说出角色游戏的观察要点与评价内容	☆☆☆☆☆
根据某一主题的角色游戏，分析其具体特点、种类和教育作用	☆☆☆☆☆
根据幼儿的年龄特点和需求投放角色游戏材料，创设角色游戏环境	☆☆☆☆☆
观察并指导各年龄班幼儿开展角色游戏	☆☆☆☆☆
尝试撰写角色游戏计划和观察记录表	☆☆☆☆☆
结合观察记录表和评价标准，对幼儿角色游戏进行客观评价	☆☆☆☆☆

学习情境 2

结构游戏组织与指导

结构游戏，也称建构游戏，是幼儿按照一定的计划或目的，利用不同玩具或材料，来组织、操作建构物体形象，实现对周围现实生活的反映。年龄较小的幼儿，一般从简单的积木游戏开始，如建造房子、桥、汽车等。随着幼儿年龄的增长和认知水平、动作技能等方面的发展，结构游戏也趋向复杂化、多样化，有时会与其他领域游戏相结合，如与益智游戏相融合或与角色游戏相融合等。

学习目标

根据幼儿的年龄特点、兴趣需要、游戏水平、游戏特点与价值等因素，为幼儿提供相应的游戏材料并创设适宜的游戏环境，对幼儿结构游戏进行适时指导，最后完成游戏的评价与总结。

【知识目标】

- ✓ 说出结构游戏的特点、种类、教育作用及游戏玩法。
- ✓ 列出结构游戏的指导内容。
- ✓ 总结各年龄班结构游戏的特点与指导要点。
- ✓ 说出结构游戏的观察与评价要点。

【能力目标】

- ✓ 能根据某一主题的结构游戏，分析其具体特点、所属结构游戏种类和教育作用。
- ✓ 能通过案例，分析总结结构游戏的指导要点，以及各年龄班结构游戏的特点。
- ✓ 根据幼儿的年龄特点和需求投放结构游戏材料，创设结构游戏环境。
- ✓ 观察并指导各年龄班幼儿参与结构游戏。
- ✓ 尝试撰写结构游戏计划和观察记录表。
- ✓ 结合观察记录表和评价标准，对幼儿结构游戏进行客观评价。

【情感态度价值观目标】

✓ 树立社会主义荣辱观，遵守社会公德，热爱幼儿园教师职业，认同并遵守幼儿园教师职业道德规范。
✓ 当指导幼儿游戏时，积极关注幼儿，平等对待幼儿，具备以幼儿为本的教育观及儿童观。
✓ 当团队合作制订游戏计划时，具备批判质疑、勇于探究的科学素养，科学严谨、精益求精的工匠精神，沟通协作、乐观积极的工作态度。
✓ 当撰写游戏计划文稿时，文字书写工整规范，逻辑清晰。
✓ 当分析案例时，具备信息搜索、筛选、归纳和总结的思维习惯。
✓ 在结构游戏指导过程中，渗透创新意识、环保意识和规则意识，提升审美能力。

情境导入

结构游戏时间到了，建构区的几位小朋友决定今天搭建的主题是"大桥"。乐乐说："但是大桥好难搭啊，怎么搭呢？我不会搭呀。"天天说："要多少天才能搭好啊？""要一百天才能搭好！""不对，不对，要一万天才能搭好！"小朋友们纷纷议论着，如图2-1所示。

图2-1　搭建大桥

【情境思考】

1．情境中，幼儿开展的是什么游戏？
2．幼儿在游戏过程中遇到了什么困难？
3．如果你是该班教师，你将怎么做？

2.1　结构游戏认知

完成本小节学习后，你需要完成〖工作页一〗，见表2-1。

游戏体验

通过对结构游戏基本知识的学习与认识，尝试以"多样的桥""游乐场""小鸭子""医院"为主题,选择其中一个,自选建构材料,尝试进行搭建。完成后分析和回顾搭建过程中哪些方面体现结构游戏的特点、教育作用并举例说明,完成〘工作页一〙结构游戏基本知识的填写。

表2-1 〘工作页一〙结构游戏基本知识

主题	游戏特点	游戏种类	教育作用
多样的桥			
游乐场			
小鸭子			
医院			

一、结构游戏的特点与价值

案例分析

我心中的小学(大班)

班级建构区"我要上小学"的主题活动已经开展一段时间了,在今天的区域活动中,小彤拿着自己的设计图,"号召"了几个小朋友来到了建构区。

小彤说:"我心中的小学,进门之后有一个花坛,后面有一个像城堡一样的教学楼,里面有宝石窗户。教学楼后面有游泳池和大操场。"其他的孩子都点点头表示赞同,他们在搭建的过程中协商合作,运用平铺、围合、垒高、架空等搭建技巧,搭建出了心中的小学。

思一思
1. 小朋友搭建的小学与现实生活中的小学一模一样吗?为什么?
2. 在计划、搭建、合作完成心中的小学的过程中培养了幼儿哪方面的能力?

案例归纳

结构游戏的特点与价值

1. 结构游戏的特点

(1)创造性:结构游戏是以表征思维为基础、以"建构物"为主要表征手段的象征性游戏活动,是幼儿对生活的一种理解和创造性反映。在操作过程中,幼儿需要对自己脑海中已有的物体形象进行想象，之后进行再加工和创造。

（2）操作性：结构游戏必须通过动手操作，才能构造出物体形象，因此，结构游戏是操作性很强的一款游戏。

（3）造型艺术性：结构游戏的目的是通过建构活动塑造物体的形象，以反映现实生活的景象。结构游戏不仅反映幼儿对美的感受和创造美的追求，还需要幼儿掌握关于艺术造型的简单知识与技能，如空间想象能力、色彩感悟能力、知觉整合能力、构图与设计技能等，是一种造型艺术性活动。

2. 结构游戏的价值

（1）促进幼儿动作的发展

结构游戏是更多地使用手来进行操作的。幼儿通过平铺、加高、堆叠、拼插等动作操作游戏材料，以提高幼儿手指、手腕的灵活性，促进幼儿手臂肌肉力量的发展，特别是手部动作的协调性和精确性。同时，手脑并用的练习也能促进幼儿手眼协调能力的发展。

（2）促进幼儿创造性思维的发展

在游戏中，幼儿通过思考选择什么材料、用多少材料、材料如何排列组合等问题，表现自己想象中的物体形象。这些思考锻炼了幼儿的感知观察能力、形象记忆能力、想象能力和思维能力，以及设计构思能力和整体布局能力。

（3）丰富和加强幼儿对物体的认知

结构游戏以幼儿的知识、经验为基础，反映幼儿对生活中所见到事物的认知和理解。幼儿在结构游戏中，需要通过操作结构材料开展游戏，因此也对材料的性质、材质、功能和用途等知识有了一定的了解。通过学习，幼儿不仅掌握了物体的结构特征，如长短、高矮、粗细、厚薄等，还能够理解空间方位的概念，如上下、左右、中央、水平等，还能够了解对应、计数、序列、整体、部分、重心等基本的数学基础知识，还能够掌握对称性、均衡、颜色等造型艺术基础知识，从而更好地理解物品的结构特征。

（4）培养幼儿优良的个性品质

当幼儿搭建自己的建构作品时，经常会因为结构不牢固等问题而出现中途倒塌等现象，此时特别需要幼儿具备细心、耐心和不怕困难的品质。有针对性地开展结构游戏，可以锻炼幼儿的专注力，培养幼儿稳重、沉着、不焦躁、不气馁的良好品质。

结构游戏为幼儿提供了一个充满活力的合作环境，让他们在使用材料或者共同搭建一个作品时，能够更好地沟通、协商、分工，培养其包容、谦让、礼貌的品质，从而有助于培养他们团结协作、友爱互助的良好习惯和集体观念。当幼儿通过自己的不断努力完成一个作品的搭建时，有助于增强幼儿的自信心，使幼儿获得成就感。

（5）培养幼儿对美的感受力

当幼儿在构建自己的作品时，他们不仅要确保作品牢固而美观，还要通过分享和评价提高他们对美的感知能力。通过这种方式，幼儿可以更好地表达自己的想法，并激发他们对美的渴望，不断提高其感受美、欣赏美的能力。

二、结构游戏的种类

游戏体验

请根据主题"多样的桥"自选材料进行搭建，以小组为单位讨论并总结构游戏的种类。

✎ 体验归纳

1. 积木游戏

积木游戏通过使用各种积木或其他代用品作为材料进行造型活动。积木的种类繁多，从小型、中型到大型，从空心到实心，从图案型到主题型，各式各样，能满足幼儿的建构需求。这种结构游戏在幼儿园开展较早，也较为普遍。

常见的积木类型主要有以下几种。

（1）小型、中型和大型的普通积木：多由一种颜色的几何形体组成，如图 2-2 所示。这些几何形体称为积砖。大型普通积木的积砖多为空心木结构，有的用泡沫材料制成，如图 2-3 所示。

图 2-2　积木

图 2-3　泡沫材料

（2）主题建筑积木：积木表面印有主题纹样，或者将积木做成主题所需要的各种形状，用以构成反映主题内容的建筑，前者一般为单面的结构，后者则是多面立体的造型。积木的主题有居民房舍建筑、城市道路、医院和消防局等建筑主题，动物园主题，交通工具主题等，如图 2-4 所示。

图 2-4　主题建筑积木

2. 积塑游戏

积塑游戏指用塑胶材料制成的各种形状的片、块、粒、棒等部件，通过接插、镶嵌组成结构玩具，按照其结构性质把它分为主题积塑和素材积塑两大类。

主题积塑是按照主题需要做成的各种形状，如图 2-5 所示。素材积塑则是由一些简单元件构成的，幼儿需充分发挥自己的想象力，运用这些零件进行物体的构造，该类材料具有更大的创造性空间。素材积塑包括由软硬不同的塑料制成的凸点型积塑、花型片积塑（又称"雪花积木"）、块型积塑、齿型积塑和插图积塑等，花型片积塑如图2-6所示。

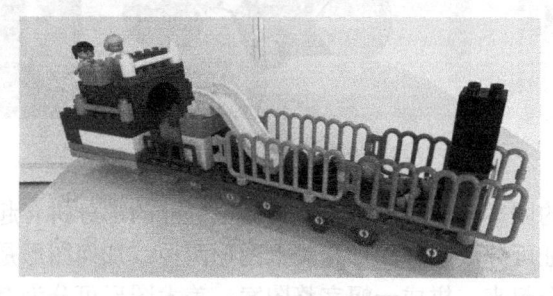

图 2-5　主题积塑　　　　　　　图 2-6　花型片积塑

3. 积竹游戏

积竹游戏指将竹子制成各种尺寸、形状的竹片、竹筒等，然后用它们构造物体的游戏。这种手工艺术活动不仅可以用来制作玩具，还可以制作装饰品，使幼儿在玩乐中学习。

4. 金属结构游戏

金属结构游戏是以带孔眼的金属部件为主，通过螺钉和螺母将各个部件连接起来，创造出各种物体形象的结构游戏，金属拼图如图 2-7 所示。有些金属结构玩具是成套的定型产品（见图 2-8）。金属构建物体较为精致，制作过程有一定难度，适合大班幼儿。

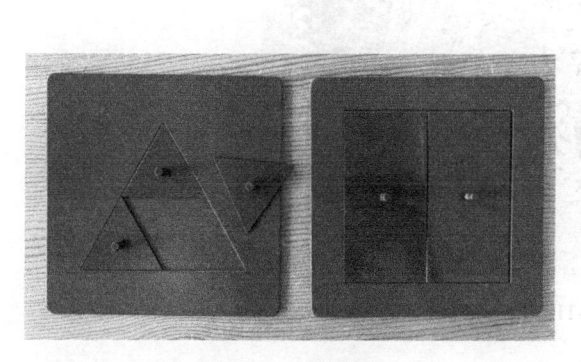

图 2-7　金属拼图　　　　　　　图 2-8　金属结构汽车玩具

5. 拼图游戏

拼图游戏是用木板、纸板、塑料或其他材料制成不同形状的散块，按规定的方法进行拼摆的一种游戏，如可摆拼动物的房屋等画面。传统的七巧板就属于这类游戏（见图 2-9）。

拼图按其拼制的图形可分为动物拼图、脸谱拼图、美术拼图（见图2-10）等；按其所用的材料和特征又可分成图像组合拼图、拼棒、拼板、自然物拼图等。

图 2-9　七巧板　　　　　　　　　图 2-10　美术拼图

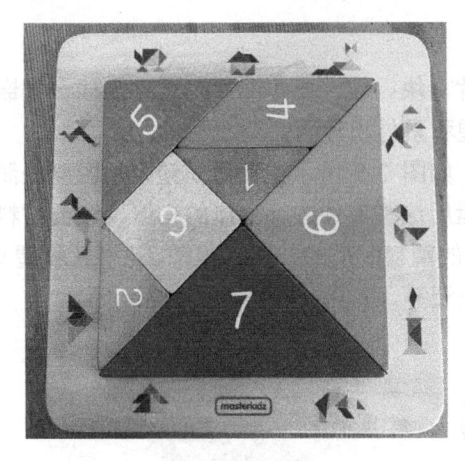

（1）图像组合拼图：把一幅完整的图案分成若干部分，将这些分散的部分拼合起来，即图像组合。图像组合拼图按图像特征可分成几何图形和美术图形两种：几何图形是用若干大小不一、形状各异的几何图形组合起来，拼成一幅完整图案；美术图形可分为有框拼图、无框拼图。有框拼图是指在组合散片时有所拼图形的边框，而无框拼图则没有边框。

（2）拼棒：用吸管、火柴棍、冰棒棍或用糖纸搓成的纸棍等棍状物作为游戏的材料，使用之前可先对其进行卫生处理，然后通过彩笔、颜料等进行色彩加工，将其拼接成各种美丽图案。

（3）自然物拼图：主要材料为树叶、干果壳、果核等自然物，再配合白纸、彩纸等，将其共同拼成美丽的图案。如图 2-11 所示，利用开心果壳拼出了火箭。

图 2-11　自然物火箭拼图

6. 穿珠、串线、编织等结构游戏

穿珠、串线是指把线穿过各种小环、珠子、细管上的孔，将大小、形状、颜色不同的东西用连续穿或交替、间隔穿等方法组合成各种物品，如手链、门帘等。在穿线板上用线穿出各种物体的平面形象也属于此类游戏。

编织是把细长的材料（如纸条、绳、带子等）交叉组织成某一物体或某一形象，如编花带、编花篮等，如图 2-12 所示。

图 2-12 编织

7. 玩沙、玩水、玩雪等结构游戏

玩沙、玩水、玩雪都属于简单易行的结构游戏。沙土和水都是不定型的结构材料，幼儿可以将其结合，进行创造性操作，如堆城堡、建造"大楼"、堆雪人等，该游戏在城市、乡村都可以广泛开展。

2.2 游戏计划制订

完成本小节学习后，你需要完成〖工作页二〗。

通过对结构游戏指导内容的学习，以"多样的桥""游乐场""小鸭子""医院"为主题，以小组为单位自选其中一个主题，制订结构游戏计划，并完成〖工作页二〗结构游戏计划的填写，见表 2-2。

表 2-2　〖工作页二〗结构游戏计划

主题	年龄班	幼儿原有水平	目标	建构技能	环境创设	投放材料	指导要点
多样的桥							
游乐场							
小鸭子							
医院							

一、确定游戏目标

2 岁以下的幼儿的手掌及手的力量比较小，他们会把建构材料搬来搬去，感知重量，触摸材料等，并无实际的搭建，处于最简单的练习性游戏阶段。随着年龄的增长，幼儿开始尝试把建构材料摆在一起，会不断地进行堆高、推倒、再堆高、再推倒的重复过程，并伴随明显的愉悦情绪。2~3 岁的幼儿开始有初步的搭建行为，喜欢使用建构材料，重复性地平铺、延长，或者将其堆叠、加高。到了 3 岁左右，幼儿的搭建作品开始出现具体形象，如围合的平面空间，该阶段被称为围合阶段，又叫围封阶段。4 岁左右的幼儿，搭建进入架空、对称阶段，年龄小点的以"架桥"为主，年龄大点的开始"盖房子"。4 岁半以后的幼儿能利用对称和平衡原理来建造模型，建构技能逐渐娴熟，模型趋于复杂，并开始关注细节和美感。大班幼儿还能在建构模型之前就对其命名，并且有一定的设想和计划，还能利用辅助材料精心装饰模型。

各年龄班幼儿结构游戏特点具体如下。

1. 小班幼儿结构游戏特点

案例分析

区域活动时间到啦！豆豆拿了一个积木娃娃，说："我们给娃娃搭个家吧！"欢欢和森森跑过来，说："好啊！好啊！"森森说："我们先把小娃娃放到中间，然后用积木把它围起来吧。"欢欢拿起长条积木，说："我先给它搭个小房间。"豆豆说："我们再给它加张床吧！"森森说："我们再给它盖个房顶。"

豆豆说："我们用宝石积木给它做个漂亮的门吧！"

森森说："我给它弄一个小花园。"

欢欢说："我再往上搭一个城堡。"

豆豆说："我们再摆一些窗户吧！"

小朋友们你一言我一语，很快就给娃娃搭了一个漂亮的家！

案例归纳

小班幼儿首先要学会认识各种结构材料，如积木、积塑等，并能正确说出结构材料的大小、形状、颜色、高矮、粗细等基本特征。此外，他们还应该掌握如何加高、加宽、铺平、延伸、围合、盖顶等基本技能，识别上下、中间、旁边等空间关系，会运用结构材料进行简单的物体构造。在教师的指导下，幼儿能共同对玩具材料进行收拾整理。

2. 中班幼儿结构游戏特点

案例分析

建构区开展了搭建"别墅"主题活动，前一天在搭建过程中，小朋友们发现"别墅"总爱倒塌。对此，小朋友们想出了很多解决方法并制订了详细的计划。

宸宸看着自己的区域，选择了他所需要的长条积木，搭了个占地面积比较大的地基，然后选择矮的圆柱形积木进行二层搭建，再用比较结实的长方形木块进行封顶。没一会儿，宸宸的"别墅"就造到第 3 层了，其他孩子也纷纷模仿起来。圆圆按照宸宸的方法搭了个三角形的"别墅"，受到了教师的表扬。

案例归纳

中班幼儿逐渐开始对结构游戏的过程感兴趣，同时其计划性、目的性有所增强，对自己的建构成果也较为关注。他们已经能独立建构一些较复杂的物体，自己搭建的内容逐渐有了主题，并开始对其建构的物体的美观程度有要求。中班幼儿能够独立地整理玩具。

中班幼儿能够认识宽窄、厚薄、轻重等概念，能根据需要选择恰当的结构材料，搭建与实物匹配度较高的建构物体。他们开始学会看平面图，能够与同伴一起合作完成有主题的作品，并能够对游戏成果进行简单评价。

3. 大班幼儿结构游戏特点

案例分析

我将搭建游戏搬到了楼道，以便给孩子们提供一个宽敞、自由的空间。活动还没开始，一副"大领导"模样的敬远小朋友就开始分配任务了："我们一起来搭个北郡嘉源小区吧，怎么样？""好啊好啊，那我要搭小区里的广场。"小朋友们都跃跃欲试，开始期待自己的搭建任务。"嗯，我来想一想，北郡嘉源小区有很多房子，谁愿意搭房子啊？"

"我。"其中的几个幼儿激动地举起手来，说完就开始自行组队。

"我是搭马路的，谁来跟我组啊？"搭建马路的闹闹说，"我们的马路需要一些交通标志和路灯。"

"要建停车场的快来我这边！"

"谁愿意和我合作搭凉亭啊？"

……

任务分配完之后，孩子们便开始搭建起来了，搬运的搬运、搭建的搭建、指挥的指挥，那场面还真是热闹啊！

案例归纳

大班幼儿对结构游戏的兴趣更加浓厚，计划性和目的性也有所增强，他们会围绕一个主题，花费几天到几周的时间进行建构活动，直到完成为止。他们甚至可以将结构游戏主题进行延伸拓展，结合角色游戏、美工游戏等多种形式，开展主题式游戏。随着审美能力的增强和建构技能的不断提高，大班幼儿在建构活动中开始对作品的美观程度有更高的要求。同时，大班幼儿想象力丰富，愿意对物体进行创造。在教师的引导下，大班幼儿的集体观念增强，能进行合作。

二、提供物质条件

1. 合理安排时间和场地

教师在幼儿一日活动中要合理安排游戏时间，对于大班幼儿通常来说，保证20分钟的积木游戏时间是合理的，30分钟甚至更长的时间，可以让他们更好地发挥自己的创造力，丰富他们的作品，提升他们的建构技能。

在选择结构游戏区域时，应该尽量避开人群密集的场地，如大门附近或是厕所、进出口等人来人往的地方。在考虑整个区域活动的空间安排时，应该优先考虑建构区，这样就能够更加有效地规划剩余空间。建构区可以安排在和角色游戏区相邻的地方，以促进幼儿拓展游戏，开展主题式游戏。为了方便幼儿取放物品，建议选择一个坚固、适合幼儿身高的开放式柜子，并在存放位置做好标识，以便幼儿能够清楚地对物品进行分类。较大的物品应该放在柜子下部,而较大的空心积木则应该直接放在地上。

在建构区应设置适当的墙饰,使之与幼儿互动,从而起到示范、欣赏、提示和分享的作用。教师要根据幼儿游戏的需要,及时对墙饰加以补充和完善。教师可用图示、照片、说明书的方式示范操作步骤,引导幼儿模仿教师,进行暗示指导;还可以展示实物图片,丰富幼儿的生活经验,促进游戏情节的发展;另外,各种符号示意图、照片等直观形象的提示,可规范幼儿的行为,并提示幼儿游戏规则。一般来说,还可以展示幼儿已完成的作品照片或幼儿设计的建构平面图,以及幼儿绘制的作品步骤图。

2. 结构游戏的材料

材料的投放要符合幼儿的年龄特点、兴趣需求和游戏需要,还应关注不同幼儿的能力差异,因此,在选用建构材料时,我们应该注重以下几点:第一,丰富性。应投放各种材质、体积、形式的结构材料。根据不同年龄幼儿的发展特点,投放成品材料、半成品材料或原材料,如废旧物品、纸盒、报纸等,还可以是塑料、竹子、金属、泥、沙、水、雪。第二,补充性。应投放辅助材料。使用辅助材料可以激发幼儿利用结构物进行象征性游戏的兴趣。例如,可以补充社会角色玩具、动物玩具、交通工具和建筑玩具等。教师应根据幼儿的能力掌握情况和兴趣点及时更换材料,但是更换的频率要适度,既不能过快也不能一直不换。若更换频繁,会使幼儿的注意力过多地被材料的色彩和外形所吸引,但若持续不更换,幼儿的建构技能得不到提升便会对游戏失去兴趣。第三,主动性。游戏材料的投放,应更大限度地考虑幼儿主动性和创造性的发挥。指导幼儿自制玩具材料,不仅经济实惠,而且有利于幼儿创新思维和能力的发挥与培养。第四,安全性。安全是第一位的,提供的材料必须是无毒无害的。

三、丰富建构技能

结构游戏材料的丰富性,决定了操作技能的差异性。小班幼儿需要掌握平铺、延长、围合、堆高、加宽、盖顶等基本的建构技能来建构造型简单的物体形象;中、大班幼儿的建构技能目标是综合运用排列、组合、黏合、镶嵌、编织、接插、旋转等技能,建构较复杂、精细、匀称的物体形象。同时,教师还要鼓励幼儿探索建构材料的多种玩法,以促进幼儿想象力和创造力的发展,建构技能如表 2-3 所示。

表 2-3 建构技能

操作材料	建构技能
积木	铺平、延长、对称、排列、架空、间隔、加宽、加高、围合、盖顶、搭台阶、砌墙
积塑	镶嵌、接插(一字插、十字插、整对插、环形插、正方形插)、连接(整体连接、交叉连接、端点连接、围合连接、间隔连接)
穿珠	单线交叉、单线循环、多线分合等
纸、线、绳、布、自然物	折叠、黏合、编织(辫子编织、穿插编织、打结编织、圆心编织)、穿孔(单线连续穿孔、单线交叉穿孔、单线循环穿孔、双线或多线分合穿孔)
螺钉、金属	捶打、旋转、敲击等

结构游戏组织与指导　学习情境 2　　37

练一练

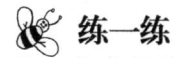

为下列图片选择恰当的建构技能并填入相应的主题框里。

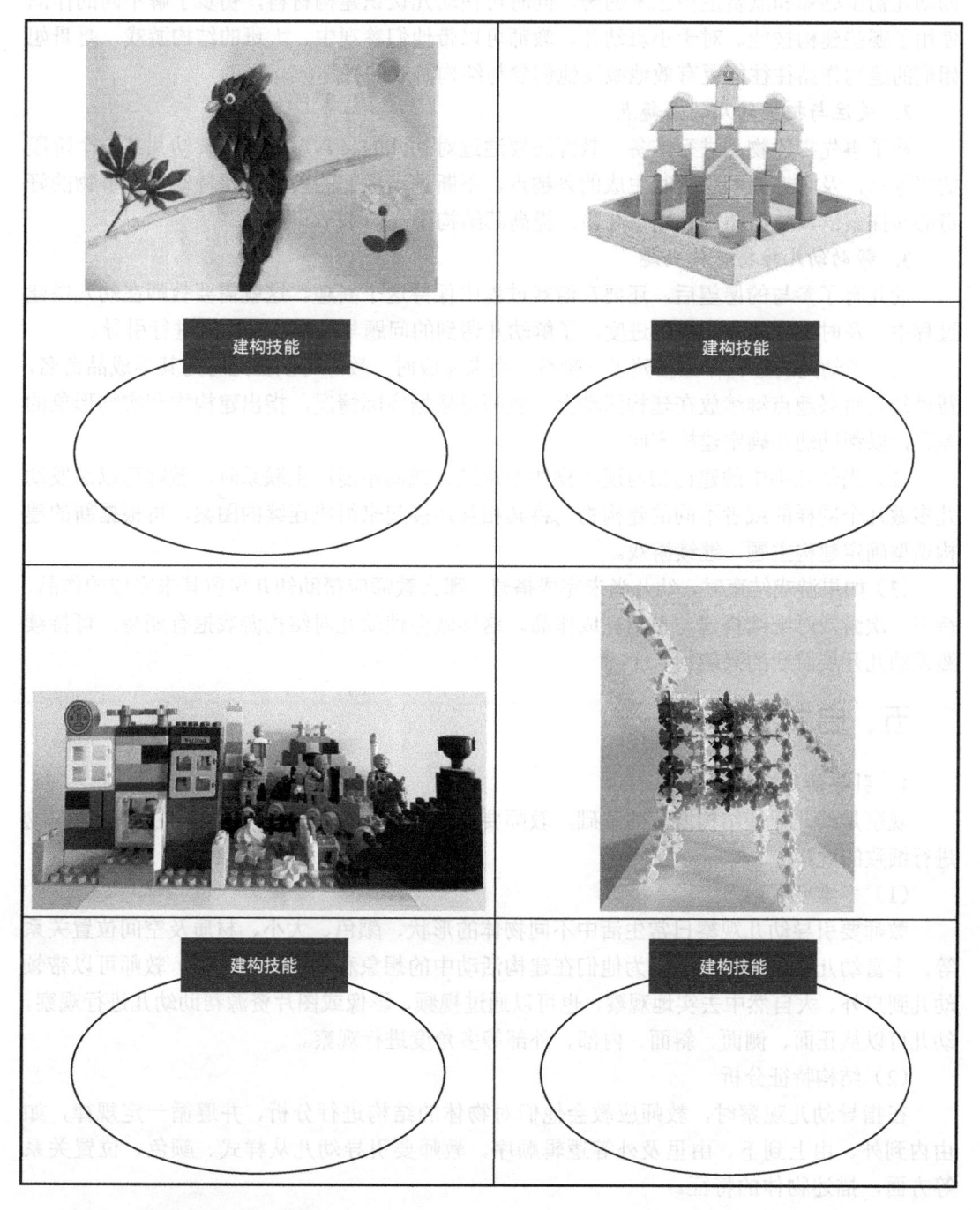

建构技能	建构技能
建构技能	建构技能

四、激发游戏兴趣

幼儿对某个游戏产生兴趣,是其参与该游戏的出发点。因此,教师应该通过多种方法激发幼儿的兴趣,增强其好奇心。

1. 用建构作品吸引幼儿的兴趣

当幼儿对某个建构物的理解还不够深入和全面时，教师可以提供各种各样的作品，帮助幼儿初步感知和欣赏造型艺术的美，同时可使幼儿认识建构材料，初步了解不同的作品使用了哪些建构技能。对于小班幼儿，教师可以带他们参观中、大班的结构游戏，哥哥姐姐们的建构作品往往能更有效地激发他们参与结构游戏的兴趣。

2. 关注与把握幼儿的兴趣点

除了事先搭建物品进行准备，教师还要通过对幼儿的日常观察，了解幼儿某一个阶段的兴趣点，及时把握幼儿随时生成的兴趣点，不断调动他们的兴趣，保持幼儿对事物的好奇心和探索欲，从而拓宽其知识经验，提高其结构游戏的水平。

3. 帮助幼儿维持建构兴趣

幼儿有了参与的愿望后，还要在游戏过程中保持这个兴趣。这就需要教师在幼儿搭建过程中，及时关注幼儿的搭建进度，了解幼儿遇到的问题与困难，并适时进行引导。

（1）当幼儿的建构作品搭建了一部分，尚未完成时，教师可以在此时为其半成品命名，帮助幼儿将兴趣点继续放在建构活动上。教师可依据实际情况，指出建构物和实物形象的差距，以帮助幼儿确定建构方向。

（2）当幼儿手中的建构物与现实物体差距过大或尚不能产生联系时，教师可以启发幼儿多做几个同样的或者不同的建构物，将其相互连接起来组成连续的图案，再根据新的建构造型确定建构主题，继续游戏。

（3）如果游戏结束时，幼儿尚未完成搭建，那么教师应帮助幼儿保留其未完成的作品，待下一次游戏时继续搭建，直至完成作品。这样做会使幼儿对结构游戏抱有期待，可持续激发幼儿开展游戏的兴趣。

五、启发游戏策略

1. 引导幼儿观察物体

观察是幼儿开展结构游戏的基础，教师要引导幼儿对周围生活环境中的物体和建筑物进行细致的观察。

（1）多维度观察

教师要引导幼儿观察日常生活中不同物体的形状、颜色、大小、材质及空间位置关系等，丰富幼儿头脑中的形象，为他们在建构活动中的想象和创造打下基础。教师可以带领幼儿到户外、大自然中去实地观察，也可以通过视频、影像或图片资源帮助幼儿进行观察，幼儿可以从正面、侧面、斜面、内部、外部等多角度进行观察。

（2）结构特征分析

在指导幼儿观察时，教师应教会他们对物体的结构进行分析，并遵循一定规律，如由内到外、由上到下、由里及外等逻辑顺序。教师要引导幼儿从样式、颜色、位置关系等方面，描述物体的特征。

（3）对比性观察

教师应抓住同类事物具有相似特征的基础，引导幼儿进行对比观察。教师要帮助幼儿发现并掌握同类物体的共性和个性特点，从而使幼儿更全面和深入地掌握物体结构。

2. 鼓励幼儿进行创造性建构

创造性是衡量结构游戏水平的一个重要标志。教师应重视培养幼儿的创新意识，引导和鼓励幼儿在结构游戏中充分发挥创造性，提高其游戏水平。

（1）列项改变

教师可以列出可以改变的项目，为幼儿提供持续创造和搭建的思路。对幼儿来说，改变某物体的局部就是创造。可以改变的项目包括形状、颜色、大小、材料、增减某属性、重组原有属性等。例如，幼儿可以通过加高的方式搭建大楼，只要改变大楼某部分的颜色、形状或布局，就会变成一个不同的大楼。

（2）适时启发

教师应在幼儿遇到困难、搭建形式单一等情况时，通过提问的形式启发幼儿思考，激发幼儿的创造力。例如，对大班幼儿要多采用开放性问题进行引导，包括什么时候、在哪里、发生什么事情、都有哪些人等；对于年龄较小的幼儿，可适当选择较为简单的选择性问题进行引导。

（3）正确引导

幼儿在进行想象创造时，往往会忽略想象创造的合理性。例如，搭建楼梯时，幼儿会用月牙形、三角形的材料来做阶梯，这种做法显然违背了"阶梯的实用性"。对此，教师应及时给予正确引导，既要保护幼儿大胆想象的积极性和别出心裁的想法，又要引导幼儿在尊重客观事物发展规律的基础上进行创新。

六、各年龄班结构游戏指导要点

针对不同年龄阶段的幼儿的身心发展特点，教师的指导重点和指导方法也应不同。各年龄班结构游戏指导要点如表 2-4 所示。

表 2-4　各年龄班结构游戏指导要点

年龄班	指导方式及重点
小班	1. 多采用游戏化语言和口吻 2. 引导幼儿认识建构材料 3. 为幼儿安排数量充足的结构玩具 4. 帮助幼儿认识各种结构元件，学习建构的基本技能 5. 引导幼儿明确建构目的 6. 建立结构游戏的简单规则
中班	1. 丰富幼儿生活经验 2. 引导幼儿尝试独立进行建构，或合作进行集体建构 3. 帮助幼儿掌握和巩固建构技能，如对高、架空 4. 引导幼儿学会协商、合作 5. 帮助幼儿设计建构方案，支持幼儿学习看图搭建 6. 组织幼儿评议建构成果
大班	1. 丰富幼儿结构造型知识和生活印象 2. 指导幼儿学习制订计划 3. 培养幼儿使用各种材料进行独立建构的能力

续表

年龄班	指导方式及重点
大班	4. 为幼儿提供一些表现事物细节的辅助材料 5. 引导幼儿参与大型建构活动 6. 多用语言提示法引导幼儿搭建 7. 教育幼儿重视劳动成果 8. 引导幼儿对自己和他人的作品进行评价,发展幼儿的思考和评价能力

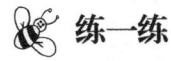

练一练

扫描二维码,分析视频中教师用到了哪些结构游戏指导要点,完成表格的填写,见表 2-5 结构游戏指导。

表 2-5　结构游戏指导

建构主题	指导要点

七、决策评价

以小组为单位对本组结构游戏计划进行展示分享,教师对照决策评价表(见表 2-6)查找问题,对本组的计划进行修订并决策,确定最终的结构游戏计划。

表 2-6　决策评价表

评价内容	评价标准	是否合理
游戏材料的投放	数量充足;种类丰富;符合主题,幼儿的年龄特点、兴趣爱好、生活经验;方便幼儿游戏时取放	
环境的创设	墙面创设具有动态性,能根据幼儿游戏主题及时调整	
游戏目标	符合该年龄阶段幼儿的年龄特点和结构游戏水平	
游戏指导要点	能够把握时机介入游戏,指导方式方法适宜,能够有效地帮助幼儿自主解决问题	

2.3 游戏组织实施

完成本小节学习后，你需要完成〚工作页三〛，见表 2-7。

以小组为单位，依据本组所制订的游戏计划，选择一名同学扮演幼儿园教师，其他同学扮演幼儿，进行情境表演并分组展示。各小组对其他小组的表演进行观察，并完成〚工作页三〛观察记录表的填写。

表 2-7 〚工作页三〛观察记录表

观察名称			
观察教师		观察地点	
观察目标			
观察对象		年龄	观察时间	
观察原因			
观察实录			
观察分析			
教育措施			

一、观察内容

观察是提供高质量游戏指导的前提。教师需要密切关注幼儿的游戏情况，了解他们的认知水平、建构能力、空间想象能力、逻辑思维能力和人际交往能力等，从而让自己的指导更加具有针对性和科学性。对于结构游戏来说，教师需要重点观察的内容如下：

✓ 建构区的使用频率——幼儿是否喜欢？需不需要调整？
✓ 结构游戏材料的使用情况——幼儿经常选用哪种材料？材料的数量是否充足？材

料是否方便本班幼儿进行操作？
- ✓ 幼儿在建构区的表现——幼儿是否能集中注意力？对材料和建构物是否感兴趣？建构技能掌握得如何？是否需要教师的帮助和指导？
- ✓ 与他人合作的情况——幼儿的社会性发展水平如何？能否与其他幼儿合作进行建构？

二、指导方法

通过观察，教师可以判断是否需要自己介入并指导，以及采取何种方法和措施来帮助幼儿完成游戏。教师如果发现幼儿在游戏中缺乏热情、违反游戏规则、遇到技能难题或与同伴发生矛盾，就需要介入，以帮助幼儿顺利完成接下来的建构活动。

教师可以采用的介入方法有三种。

第一，平行介入法。教师可以通过模仿幼儿的游戏行为或通过平行游戏的方式进行介入。例如，教师可以在幼儿旁边使用和幼儿相同或类似的建构材料进行搭建，从而帮助幼儿掌握相应的建构方法，或者在幼儿旁边使用不同的建构材料，调动幼儿搭建的积极性，拓宽幼儿的搭建思路。

第二，直接介入法。当幼儿出现严重的违规情况，或是和同伴发生冲突时，教师需要直接介入，用语言及时制止幼儿的行为。当幼儿遇到建构困难时，教师也可以运用问题启发或建议的方法来帮助幼儿解决困难。

第三，交叉介入法。结构游戏常常容易和角色游戏融合在一起，当幼儿进行主题建构，并产生相关的角色行为时，教师可以扮演一个合适的角色进入幼儿的游戏中，了解幼儿的想法。例如，在幼儿搭建游乐场时，教师可以以一个游客的身份参与进来并询问幼儿："您好，请问售票处在哪里？"，从而启发幼儿在搭建游乐场时思考还需要哪些建构物。

2.4 游戏评价反思

完成本小节学习后，你需要完成〖工作页四〗，见表 2-8。

各小组依据对其他组情境表演的观察和记录，对该组幼儿游戏进行评价，完成〖工作页四〗幼儿游戏评价表的填写。

表 2-8 〖工作页四〗幼儿游戏评价表

评价内容	评价维度	评语
材料运用	1. 只拿着玩，不会搭 2. 对积木的形、色有选择，但意识不强 3. 有意识地选用材料，反复尝试 4. 迅速选定材料，并能综合运用材料，且使用方式有特色	

续表

评价内容	评价维度	评语
建构形式	1. 简单排列、堆高、铺平 2. 能架空搭门，能围合建构 3. 造型较复杂，但形象不逼真，能命名建构物 4. 能按特定形象进行建构，形象逼真，能运用对称性并对建构物进行装饰	
主题目的性	1. 无目的、无主题 2. 目的不明确，容易附和他人 3. 能确定建构主题，但会出现变化 4. 主题明确，能坚持并围绕主题拓展	
情绪	1. 情绪消极 2. 情绪一般 3. 情绪良好 4. 情绪积极	
专注力	1. 注意力水平较低 2. 注意力容易分散 3. 注意力集中，偶尔分散 4. 专注，持续时间长	
社会性水平	1. 独自搭建 2. 平行搭建 3. 联合搭建 4. 合作搭建	
规矩与习惯	1. 遵守玩积木的规则 2. 爱护玩具 3. 能收放整齐，动作迅速	
创造力	在有主题的基础上，具有一定创造性	

一、幼儿游戏评价与总结

1. 教师评价

教师可以从材料运用、建构形式、主题目的性、情绪、专注力、社会性水平等方面对幼儿结构游戏水平进行评价。

在评价方面，教师还需要注意要进一步明确评价目标，不追求唯一作品结果的评价，更重要的是，要对幼儿整个建构的过程进行科学合理的评价。教师在进行评价时既要注重操作技能，又要注重品质习惯；既要有游戏过程中的针对性点评，也要有游戏活动结束后的总体评价。教师在评价的过程中，要注意多用鼓励性、赞赏性的语言，要有针对性、具体地评出幼儿的优点和不足。

针对不同的年龄班，教师评价的方式和重点也应有所差异。对于小班幼儿来说，教师可以组织幼儿观看自己或同伴作品的实物,还可以将幼儿的作品拍成照片或视频,在讲评的环节让全体幼儿共同观看欣赏;对于中、大班幼儿,教师在评价时可以让他们发表自己的看法,分享彼此的经验,如所建构作品的设计灵感来源、建构作品审美(色彩搭配、建构造型等)、建构作品所需要用到的建构技能(填平、组合、排列、堆积、螺旋等)、建构作品所用到的材料种类等。

2. 幼儿自评

为了提高幼儿自身的评价水平和能力,教师可以引导幼儿分享自己的活动成果,评价自己的作品,并分享自己探索尝试的方法与过程。中班结构游戏幼儿自我评价表、大班结构游戏幼儿自我评价表如表2-9、表2-10所示。

表2-9 中班结构游戏幼儿自我评价表

姓名	玩得开心吗		我会玩吗		准备好了吗	
	开心□	不开心□	会□	不会□	是□	否□

注:把表格夹在木板上,活动结束后让幼儿在相应的格子里打"✔",下同

表2-10 大班结构游戏幼儿自我评价表

班级: 游戏主题: 时间:

姓名	玩得开心吗		我会玩吗		准备好了吗	
	开心□	不开心□	会□	不会□	是□	否□

由于幼儿的自评能力有限,因此自我评价表一般只用于中、大班幼儿,且教师一开始需要组织幼儿进行学习,从而使幼儿能够更加科学地对自己进行评价。此外,在讨论总结阶段,还应让幼儿通过分享反思游戏过程中存在的问题,积累自身的建构经验,为更好地开展后续建构活动奠定良好的基础。

3. 结束游戏

对于幼儿来说,从专注的游戏状态到结束游戏活动,需要一定的时间进行心理的转变。有的幼儿可能需要多次提醒才能从游戏状态中走出来,教师应理解和尊重幼儿的这种心理,给幼儿一定的时间去过渡,采用提前告知的方法为幼儿提供心理准备,还可以采用使用各种计时工具、播放固定音乐等形式,帮助幼儿发展时间知觉,提升其规则意识。

(1)整理环境

与其他游戏类型相比,收拾和整理环境环节对结构游戏更为重要,它既是幼儿快乐游戏的一部分,又能成为幼儿学习的机会。整理环境不仅可以使幼儿学习自我服务和为集体服务,培养幼儿对环境的责任感,而且可以成为幼儿学习数字概念及练习分类排序技能的机会。需要注意的是,不能把整理环境当作对幼儿在游戏时造成混乱的惩罚。

例如,教师可以在木柜上贴标签,让幼儿知道不同材料应放置的固定位置、理解符号的意义、练习相应的技能。教师可以让幼儿先把材料分成几部分,便于幼儿理解摞、堆的概念。

(2)欣赏建构作品

建构作品是幼儿建构活动的劳动成果,不仅反映了幼儿结构游戏的水平,同时,通过让幼儿对建构成果互相评价,还可以使幼儿学会尊重他人的劳动成果、学会欣赏他人的长

处。因此，在游戏过程中，教师要教育幼儿珍惜自己和他人的作品，不要随意碰倒和破坏自己和他人的作品。教师自己也要尊重和爱护幼儿的建构成果，不可因自己的主观判断否定幼儿，甚至轻易拆毁幼儿的作品，这样做会严重挫伤幼儿参与游戏的积极性。

幼儿的作品应尽可能保留一段时间，以进行展示分享。教师也可以通过让幼儿和作品合照等方式保存作品，将其收集成册，供幼儿及其家长进行欣赏，从而增强幼儿的自信心和成就感。教师可以通过实物展示或者拍照等形式展示幼儿作品，引导幼儿观看与思考，促进幼儿相互学习和借鉴，从而激发幼儿的创造性思维。对于需要花费较长时间才能完成的作品，教师要给幼儿充分的时间，使幼儿分次、分阶段充分搭建并完成作品，不能限制时间，更不可随意毁掉幼儿未搭建完成的作品。

二、工作过程评价

各小组对本组游戏实施全过程进行反思评价，并填写表 2-11 工作过程评价表。

表 2-11 工作过程评价表

评价内容	达成度（★）	说出你觉得不足的具体表现是什么	改进措施
基于幼儿的年龄特点和需求投放结构游戏材料，创设结构游戏环境	☆☆☆☆☆		
观察并指导各年龄班幼儿开展结构游戏	☆☆☆☆☆		
尝试撰写结构游戏计划和观察记录表	☆☆☆☆☆		
结合观察记录表和评价标准，对幼儿结构游戏进行客观评价	☆☆☆☆☆		
当团队合作制订游戏计划时，具备批判质疑、勇于探究的科学素养，科学严谨、精益求精的工匠精神，沟通协作、乐观积极的工作态度；具备信息搜索、筛选、归纳和总结的思维习惯	☆☆☆☆☆		
在撰写游戏计划文稿时，文字书写工整规范，逻辑清晰	☆☆☆☆☆		
在指导幼儿游戏时，以幼儿为本，积极关注幼儿，平等对待幼儿	☆☆☆☆☆		
在结构游戏指导过程中，渗透创新意识、环保意识和规则意识，提升幼儿的审美能力	☆☆☆☆☆		

三、工作反思

1. 请以海报的形式，图文并茂地对本单元结构游戏内容进行梳理。
2. 反思任务实施过程，思考以下问题。
（1）你依据哪些因素来制定结构游戏目标？具体是什么？
（2）你投放了哪些游戏材料，并创设了怎样的游戏环境？该环境与材料在游戏实施过程中是否合理？
（3）游戏实施环节，你采用了什么指导方式？具体是如何进行指导的？
3. 请对照本单元学习目标，对所学内容进行反思，根据自己的掌握程度，在表 2-12 工作反思评价表中给出具体星数，5 颗星即为满分。

表 2-12 工作反思评价表

评价内容	掌握程度★
说出结构游戏的特点和种类	☆☆☆☆☆
说出结构游戏的教育作用	☆☆☆☆☆
总结结构游戏的指导内容	☆☆☆☆☆
说出各年龄班结构游戏的特点与指导要点	☆☆☆☆☆
说出结构游戏的观察要点与评价内容	☆☆☆☆☆
根据某一主题的结构游戏，分析其具体特点、种类和教育作用	☆☆☆☆☆
根据幼儿的年龄特点和需求投放结构游戏材料，创设结构游戏环境	☆☆☆☆☆
观察并指导各年龄班幼儿开展结构游戏	☆☆☆☆☆
尝试撰写结构游戏计划和观察记录表	☆☆☆☆☆
结合观察记录表和评价标准，对幼儿结构游戏进行客观评价	☆☆☆☆☆

学习情境 3

表演游戏组织与指导

表演游戏，也叫作戏剧游戏，是指幼儿根据虚构的童话或故事等文学作品的内容和情节，通过扮演其中的角色，并运用语言、动作和表情等表演形式，按照作品中情节的发展顺序、结构进行表演的一种游戏形式。例如，幼儿演出的童话剧、歌舞剧、木偶剧和皮影戏等都是表演游戏。

学习目标

根据幼儿的年龄特点、兴趣需要、游戏水平、游戏特点与价值等因素，为幼儿提供相应的游戏材料并创设适宜的游戏环境，对幼儿表演游戏进行适时指导，最后完成游戏的评价与总结。

【知识目标】
- ✓ 说出表演游戏的特点、种类、教育作用及游戏玩法。
- ✓ 列出表演游戏的指导内容。
- ✓ 总结各年龄班表演游戏的特点与指导要点。
- ✓ 说出表演游戏的观察与评价要点。

【能力目标】
- ✓ 能根据某一主题的表演游戏，分析其具体特点、所属表演游戏种类和教育作用。
- ✓ 能通过案例，分析总结表演游戏的指导要点，以及各年龄班表演游戏的特点。
- ✓ 根据幼儿的年龄特点和需求投放表演游戏材料，创设表演游戏环境。
- ✓ 观察并指导各年龄班幼儿参与表演游戏。
- ✓ 尝试撰写表演游戏计划和观察记录表。
- ✓ 结合观察记录表和评价标准，对幼儿表演游戏进行客观评价。

【情感态度价值观目标】
- ✓ 树立社会主义荣辱观，遵守社会公德，热爱幼儿园教师职业，认同并遵守幼儿园教师职业道德规范。

- ✓ 当与他人合作完成游戏计划或案例分析时，具有合作意识并能够与他人有效沟通。
- ✓ 当进行任务表撰写时，具备文字书写能力和语言组织能力。
- ✓ 当进行案例分析时，具备分析、归纳和总结的能力。
- ✓ 当与他人合作完成游戏指导内容、游戏特点分析等表格撰写时，具有合作意识并能够与他人有效沟通。
- ✓ 在表演游戏的指导过程中，逐步渗透中华优秀传统文化，具备批判质疑、勇于探究的科学精神。

情境导入

幼儿园大三班的教师观察发现，班里的小朋友非常喜欢谈论"小猪佩奇"，如模仿小猪佩奇"哼哼"叫的声音、模仿小猪佩奇的动作等。通过谈话，教师了解到原来班级里很多小朋友最近都在看《小猪佩奇》动画片，"小猪佩奇"激起了班里孩子们不小的兴趣。

【情境思考】

假如你是该班的教师，你将如何为幼儿组织一次以"小猪佩奇"为主题的表演游戏活动呢？

3.1 表演游戏认知

完成本小节学习后，你需要完成〖工作页一〗，见表 3-1。

游戏体验

通过对表演游戏基本知识的认识与学习，尝试以"三只小猪""拔萝卜""小羊和狼""森林音乐会"为主题进行作品表演，自选表演类型并选择表演材料，分析表演过程中哪些方面体现了表演游戏的特点、种类和教育作用并举例说明，完成〖工作页一〗表演游戏基本知识的填写。

表 3-1 〖工作页一〗表演游戏基本知识

主题	游戏特点	游戏种类	教育作用
三只小猪			

续表

主题	游戏特点	游戏种类	教育作用
拔萝卜			
小羊和狼			
森林音乐会			

一、表演游戏的特点与教育作用

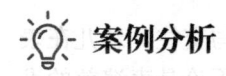

案例分析

森林模特秀（中班）

班级表演区的森林模特秀开始了。圆圆、阳阳、飞飞拿着小椅子来到小舞台前面，圆圆穿着花仙子的裙子第一个走上小舞台，她在小舞台上走着模特步，不停地变换姿势，摆着好看的造型。小观众们很感兴趣，一个劲儿地给她鼓掌。不一会儿，阳阳也走上舞台，他给自己穿上了蜘蛛侠的衣服，拿着"武器"，在旁边不停地摆动作。

穿着花蝴蝶衣服的飞飞害羞得不敢上台，我问："为什么不上台呢？"飞飞低着头躲在了我的身后。我拿起了一旁的花环戴在了自己的头上，蹲下来对飞飞说："小花陪着蝴蝶一起走模特秀好不好？"飞飞点点头，拉起了我的手。我走到台前，手比作花的形状蹲下来，飞飞挥动着翅膀围着我"飞"了一圈，双手搭在我的肩膀上："蝴蝶最喜欢小花了，因为它们是好朋友呀！"

思一思

1. 小朋友为什么会在表演区有以上表演？
2. 该表演游戏锻炼了幼儿哪方面的能力？

案例归纳

表演游戏的特点与教育作用

1. 幼儿表演游戏的特点

（1）艺术性："源于生活而高于生活"的表演是一种充满创意的表演形式，它不仅能够让幼儿感受到艺术的魅力，还能培养他们的表演技巧，让他们更好地融入文艺表演的世界。积累了一定的表演经验后，幼儿还能自编自演或即兴表演，这些表演则更富有个性化和创造性的戏剧色彩。因此，表演游戏具有艺术性的特点。

（2）表演性：表演游戏和文艺表演很相似，都以童话故事等文学作品为依托，均含有语言、动作和表情等表现形式。文艺表演是由教师开展的，孩子们会严格地按照规定的语句和剧情进行演出。相比之下，表演游戏则是一种自主的、自觉的创造性活动。因此，表演游戏具有表演性的特点。

（3）创造性：幼儿可以根据自己对角色和情节的理解，在语言和动作上进行创新，从而为创造性增添更多的表现力。幼儿表演完全是一种自主的独立活动，不受束缚。他们通过自己的理解和生活经验扮演角色，展现作品的内涵，以此来表达对作品的理解。因此，表演游戏具有创造性的特点。

2. 表演游戏的教育作用

（1）提升幼儿艺术审美能力

表演游戏是幼儿接受艺术熏陶的一种有效途径。表演游戏本身就是一种艺术活动，幼儿能在游戏过程中得到美的启发，培养美感。表演游戏还有助于发展幼儿的表演才能，使他们感受美，并表现美、创造美，从而发展幼儿的审美能力，培养幼儿的艺术气质。

（2）提升幼儿合作与交往能力

幼儿表演游戏是一种群体活动，幼儿会以真实身份与同伴进行合作与交往。幼儿在表演游戏中的同伴交往围绕角色、规则、情节、材料、动作和对白展开。不论是表演前的准备、表演中的协调还是表演后的讨论都需要进行充分的合作和交往，这有利于提升幼儿的社会化水平。

（3）提升幼儿语言发展能力

表演游戏的内容来源于文学作品，文学作品中优美生动的语言、丰富多变的句式，对幼儿学习和掌握多种语言形式具有特别的意义。在故事表演中，幼儿要学会说各种不同的词汇和句式，日积月累，就能自然地获得有关语言形式的经验，增加对各种词汇的理解，潜移默化地掌握各种不同的词汇和句式，幼儿的语言表达能力也得以发展和提高。

（4）提升幼儿创造能力

表演游戏的过程也是幼儿想象活动的过程。在游戏中，幼儿凭借对作品的理解，充分发挥想象力和创造力，对作品的内容、情节和对话进行修改，创造性地刻画他们所理解的故事情节和角色形象。幼儿想象力发挥得越充分，表演就越逼真、越生动有趣。

（5）培养幼儿良好个性

表演游戏是一种集体游戏，每个人既是角色的个体，又是故事整体中的一部分，这就要求幼儿在保持独立性的基础上，开展协同合作。此外，参加表演游戏，还需要幼儿克服怕羞、胆怯等心理障碍，调整好心态，这都有助于培养幼儿勇敢、自信等优良的个性品质。

二、表演游戏的种类

🎯 游戏体验

请根据主题"三只小猪"自选类型进行表演，以小组为单位讨论并总结表演游戏的种类。

✎ 体验归纳

根据角色扮演形式的不同，表演游戏可分为自身表演、桌面表演、影子戏表演和木偶戏表演四种类型。

1. 自身表演

自身表演是指通过自己扮演角色进行的表演游戏活动，表演者以故事、诗歌、童话等作品为蓝本，按照自己对作品的理解，在游戏中自编自导自演。

2. 桌面表演

桌面表演是指通过在桌面上运用各种游戏材料替代文艺作品中的角色，以口头独白、对白和操纵玩具再现文艺作品的情节和内容的一种表演游戏形式。

3. 影子戏表演

影子戏表演是根据物理学原理，通过光的作用所产生的阴影来进行表演的游戏活动。它离奇有趣、变化多端，深得幼儿的喜爱。幼儿表演的影子戏一般有纸影、手影和皮影等，其中以手影游戏居多，而皮影戏则具有鲜明的地方特色。

4. 木偶戏表演

木偶戏具有悠久的历史，在中国古代又称傀儡戏。三国时已有偶人可进行杂技表演，隋代则开始用偶人表演故事。其中，常见的有手指木偶、布袋木偶和提线木偶等类型，如图 3-1 所示。

| 手指木偶 | 布袋木偶 | 提线木偶 |

图 3-1 木偶类型

木偶的形象夸张，造型生动有趣。幼儿不仅喜欢看木偶戏表演，而且喜欢自己操控木偶，自编自演。幼儿游戏用的木偶比较简单，一般以布袋木偶和手指木偶为主，演出的舞台只要拉一块幕布挡住操控者即可，非常方便。

3.2 游戏计划制订

完成本小节学习后,你需要完成〖工作页二〗,见表 3-2。

通过对表演游戏指导内容的学习,以"三只小猪""拔萝卜""小羊和狼""森林音乐会"为主题,以小组为单位自选其中一个主题,制订表演游戏计划,并完成〖工作页二〗表演游戏计划的填写。

表 3-2 〖工作页二〗表演游戏计划

主题	年龄班	幼儿原有水平	目标	表演技能	环境创设	投放材料	指导要点
三只小猪							
拔萝卜							
小羊与狼							
森林音乐会							

一、选择表演内容

幼儿进行的表演游戏,题材主要来自教师所讲述的童话、寓言等文学作品和所教的歌曲等,也有来自电影和电视剧的。但并非所有的作品都适合幼儿表演,适合幼儿表演的作品应具有以下特征。

1. 内容健康

作品的思想内容要健康,情节曲折、紧凑,角色性格鲜明并为幼儿所喜爱。作品内容还应符合幼儿的生活经验,有助于发挥幼儿的创造性。

2. 具有表演性

供幼儿表演的作品要有一定的情境和戏剧成分及适当的表演动作。小班表演的作品最好只有一个场景,如"拔萝卜"的场景只是菜地。中、大班的表演场景也不宜过多。

场景还要易于布置,道具要简单,可以利用现成的桌椅和大型积木等。幼儿表演的作品还应具有明显的动作性。在小、中班宜选择简单的、有重复动作的作品,以便于小、中班幼儿掌握,如在"拔萝卜"游戏中,虽然角色出场时的动作各异,但拔萝卜的动作是相似的、重复的。

3. 情节有起伏

用于表演游戏的作品，其情节主线要简单明确、重点突出、脉络清晰，不要过于复杂，以便幼儿理解和记忆。同时，故事情节要有起伏，情节发展的节奏要快，变化要明显，这样才能吸引幼儿并易于表演。

4. 对话简单生动

作品中的对话要简单生动，并能与动作相配合，以便幼儿在表演中边说边做，丰富表演内容，增强感染力。例如，在"三只小猪"游戏中，大灰狼和小猪的对话非常生动有趣，且易于用动作表现。但要注意，教师不要强求幼儿背诵故事，以免使幼儿产生抵触情绪，削减对游戏的兴趣。

二、确定游戏目标

在表演游戏中，各年龄阶段的幼儿在游戏动作、语言、社会性水平上呈现出明显的差异和特征，在确定游戏目标时，要充分考虑幼儿的年龄特点。表演游戏各年龄段总目标如表 3-3 所示。幼儿表演游戏的年龄特点如表 3-4 所示。

表 3-3　表演游戏各年龄段总目标

年龄段	总目标
小班 3~4岁	1. 对玩表演游戏和扮演角色感兴趣，能通过游戏感受与同伴共同游戏的乐趣，能与同伴友好相处 2. 愿意在教师的帮助、提示下，尝试按文学作品中的主要情节和人物的对话、动作玩表演游戏 3. 愿意学习并遵守简单的游戏规则 4. 尝试按意愿选择并扮演角色，初步理解有关作品的中心思想、主要情节和角色特征
中班 4~5岁	1. 对玩表演游戏和扮演角色感兴趣，尝试根据推荐的故事选择表演的内容，尝试学习分组、分配角色，在游戏中加深对文学作品的理解 2. 能运用不同的、清晰连贯的语句开展表演游戏，能适当地运用动作、表情表现角色的性格特征 3. 有初步的集体观念和交往能力，能合作进行游戏，学会协商、轮流扮演角色和使用玩具 4. 养成爱惜玩具和游戏材料的习惯，游戏后有条理地对游戏材料加以整理 5. 建立扮演角色、使用物品和整理场地等游戏规则，遵守游戏规则 6. 能根据作品主题、情节加以想象，并进行较有创造性的表演 7. 喜欢根据文学作品制作简单的表演道具，能布置场景
大班 5~6岁	1. 积极参与表演游戏活动，认真扮演角色，在游戏中加深对文学作品的理解，对文学作品感兴趣 2. 主动选择表演内容，自主分配角色与自主扮演；根据自己对作品的理解，在语言（包括体态语言）、动作、表情等方面大胆地、富有创造性地表现角色的性格特征，并能改编故事情节，发展想象力、创造力和表演能力 3. 会与同伴协商分配角色，合作进行游戏，正确处理游戏中的纠纷 4. 喜欢扮演角色，有主动解决问题的能力 5. 自主设计游戏场景，会自制简单的道具，能正确使用自制和替代的游戏材料布置游戏场地，发挥创造性 6. 有爱护游戏材料的意识，在游戏结束时能正确整理游戏材料和场地

表 3-4　幼儿表演游戏的年龄特点

年龄段	动作	语言	社会性水平
小班 3~4岁	动作简单，没有复杂的游戏情节和舞蹈动作； 主要的游戏兴趣集中于玩各种材料和用材料装扮自己	彼此对话很少，除了因为材料纠纷或某一想象性话题和身边的幼儿有简单言语交往，基本不会就表演游戏本身的内容和方式进行言语或动作互动	以平行游戏为主，所玩材料差不多，经常出现争抢某一材料的现象； 开始注意到其他幼儿的行为，出现相互模仿的现象，初步形成玩伴关系； 表演舞台没有观众，幼儿也不在乎是否有观众，只是专注于自己的动作，自娱自乐
中班 4~5岁	动作比小班丰富，以重复动作为主，每个游戏基本会重复 5~6 个会做的动作； 主要以动作作为角色表现的手段，较少运用语言、表情等来表现角色； 游戏性强，目的性弱，对装扮非常重视	能独立进行角色分配，但进入游戏的过程较慢；相互之间会讨论一些与表演有关的问题，如表演内容、出场顺序等	出现联合游戏，有语言和动作交往； 游戏中会出现一些观众，观众和舞台表演者之间会产生一些互动； 有时会因为材料发生纠纷
大班 5~6岁	动作更为丰富，具备一定的表现技巧，能灵活运用语言、动作和表情等各种手段来再现故事内容	共同协商、讨论并决定游戏的分工，如主持人、出场顺序等；游戏过程呈现计划—协商—合作表现故事—再计划—再协商的鲜明阶段性特征，目的性、计划性强	联合游戏比例加重，还出现了很多合作游戏的成分，并且出现了游戏领导者，其拥有最终改变或者不同意改变游戏规则的权利

三、创设游戏环境

教师可根据幼儿平日所喜爱的故事角色，引导幼儿来一起准备服装、道具及布景等，以激发和调动幼儿做表演游戏的积极性。做表演游戏一般需要准备以下材料。

1. 简易的舞台和布景

日常进行的表演游戏，可以在室外或活动室中进行，用小椅子、小桌子或大的积木围起一个小舞台，或在现有的场地上用标记分出"台上"和"台下"，或有一个较固定的表演区，如活动室的一角。木偶舞台用一块幕布将操纵者遮住即可。有条件的幼儿园，可以给幼儿做木偶、皮影的小舞台，这样更能增加游戏表演的情趣。

表演用的布景起到烘托情境、渲染气氛的作用，要简单方便，避免过大、过重、过繁，更不能妨碍表演。制作布景造型宜夸张，色彩要鲜明，可以结合美工活动，发动幼儿一起来设计和制造。

2. 服装与道具

服装和道具的选择对于激发幼儿的游戏兴趣至关重要，它们不仅能够增加游戏的趣味性，还能增强游戏的戏剧性和象征意义。

在幼儿表演游戏活动中，服饰和道具都可以作为一种象征来展示角色的明显特点。例如，各种动物和人物角色，只需要一个头饰就能完美地表现出他们的身份，如图 3-2 所示。

图 3-2　各种动物头饰

此外，教师应该为幼儿提供各类不同的服饰和道具，包括各种动物的头饰和著名童话故事中的人物的服装和道具。这些服饰和道具可能是单独配置的，也可能是与其他主要素材相结合的，如胡子、眼镜、帽子、围裙、腰带和游戏刀枪等。幼儿可以根据自己的角色需要选择合适的服饰和道具。这种简单的造型与服饰装扮能增强幼儿的表演积极性，使游戏顺利开展。

四、激趣导入

在正式游戏之前需要让幼儿知晓本次游戏的主题，清楚游戏的主要内容，唤起幼儿已有的游戏经验，引发幼儿的游戏兴趣。好的导入方式能让整个表演活动事半功倍，具体方式有故事导入、问题导入、片段导入和材料导入。

练一练

写出下列案例所使用的导入方式。

案例 1

区域活动时间快到了，老师组织几位小朋友来到表演区。"孩子们，你们去过玩具店吗？玩具店里都有些什么呢？你最喜欢玩什么玩具？"问题一出，孩子们就开始七嘴八舌地讨论起来。老师适时打断并说道："有一位老公公开了一家玩具店，小朋友们刚才说的玩具他都有，而且，还有许许多多稀奇古怪的玩具呢！你们想知道吗？"于是老师把《老公公的玩具店》说给小朋友们听，小朋友们听完后都跃跃欲试，想要表演出来。

导入方式：_____

案例 2

今天的区域活动时间到了，欢欢和东东两人手牵手，开心地来到了表演区。一进入表演区他们就发现，原来的那些服装、饰品、道具都有所改变，变成了一个个的手偶小娃娃。他们立刻叫来老师问："老师，表演区的东西怎么没有了？这些怎么玩呀？""别着急，宝贝们。"只见老师的一只手戴上了一只小兔子布偶，人蹲下躲到了背景板后面，手从底部的洞里伸到背景板前面，开始模仿小兔子的声音表演起来。小朋友们看到这里纷纷来了兴趣，围在表演区观看。

导入方式：＿＿＿＿＿＿＿＿＿＿＿＿＿＿

五、角色分配

"自主选择"和"自行分配"是幼儿进行角色分配和轮换的基本原则，但幼儿往往都喜爱故事中的主人公，愿意扮演主角。此时，教师应该引导幼儿认识到，每个人物都是演出中不可缺少的一部分，不必太在意是主角还是配角。教师应该帮助幼儿更好地理解自己所扮演的人物，并且更加热情地投入演出。

分配角色时，教师要尊重幼儿的愿望，以自愿为原则，但应使幼儿理解轮换担当角色的必要性。对于新的游戏，可以先让游戏能力强的幼儿担任主角，使游戏顺利进行，但也应鼓励和帮助游戏能力弱一点的幼儿去扮演主角，特别是当这些幼儿主动要求时，应给予支持。

在小班可由教师指定角色，也可由幼儿自愿报名。在中、大班则应逐渐由幼儿自己协商分配角色，此时的幼儿已经能照顾到同伴的兴趣和愿望，可以用猜拳、轮流等方式解决矛盾。需要注意的是，绝不能强迫幼儿选择他们不愿意扮演的角色，否则既伤害了幼儿的积极性，又不能使他们在游戏中尽情表演。

六、各年龄班表演游戏指导要点

针对不同年龄阶段的幼儿，教师的指导方式和重点均存在一定的差异，需要考虑不同年龄阶段幼儿的身心发展特点。

1. 小班幼儿表演游戏指导要点

案例分析

小班案例：

早上表演区真是热闹，松松和另外 7 名小朋友来到了表演区，他们找到新投放的头饰戴了起来。

松松："我们来表演《是谁的嗯嗯在我的头上》这个故事吧。"

阳阳和其他小朋友附和："好啊！好啊！我来演小鸽子。"

安安："我来演小兔子。"

小朋友们纷纷找到了自己想扮演的小动物的头饰并戴了起来。

松松找到一个大便模型放在自己的头上，生气地说："是谁的嗯嗯在我的头上！"说完松松就继续往前走，来到小鸽子阳阳的面前，踮起脚尖，手叉腰，学着书中小鼹鼠的样子："是你的嗯嗯在我的头上吗？"阳阳说："不是不是，我的嗯嗯是这个样子的。"说完扔下来一个"嗯嗯"道具。阳阳学着鸽子的样子飞下了台。松松继续往前走，来到了小兔子安安面前，学着书中的小鼹鼠的样子叉着腰生气地说道："是你的嗯嗯在我的头上吗？"小兔子安安手拿胡萝卜，说："我的嗯嗯是这个样子的。"说完便从手中扔下了几个小黑粒道具，一蹦一跳地下了台。松松继续往前走。

案例归纳

（1）帮助幼儿选择富有趣味、对话简洁、情节重复、动作较多、场景单一的故事内容；
（2）提供形状逼真的服装和道具；
（3）教师从示范表演到逐步放手。

2. 中班幼儿表演游戏指导要点

案例分析

中班案例：

最近班级在开展垃圾分类的相关活动，表演区投放了四套垃圾分类的服装，美美、丽丽、木子、红红、妞妞来到了表演区。

美美和丽丽同时拿起了有害垃圾的服装，美美说："我想扮演有害垃圾。"丽丽说："我也想演有害垃圾。"美美说："那我先来演，我演完你再演。"丽丽点头同意了，转身拿着厨余垃圾的衣服穿在了身上。木子说："那我来演其他垃圾。"妞妞拿起可回收垃圾的衣服，说："那我来演可回收垃圾。"红红穿着公主的衣服，说："你们快蹲好，我要来扔垃圾了。"红红跳着舞走上台，手里拿着一张纸，扔到了厨余垃圾桶。丽丽把纸扔了出去，红红挠了挠头，说："为什么垃圾桶不吃垃圾呢？"这时四个"垃圾桶"站起来说："因为你没有垃圾分类。"红红说："什么是垃圾分类？"木子说："那就让我们讲给你听吧！"接下来，四个"垃圾桶"分别介绍了自己都"吃"什么垃圾。

表演结束后，红红说："要是有音乐就更好了。"木子说："那谁来放音乐？"丽丽说："我们去问问老师吧！"王老师听到后说："你们想让谁来放音乐呢？"丽丽说："让会用播放器的天天来，可以吗？"王老师说："那你们可以去问一问天天。"天天同意了他们的请求。第二轮游戏，孩子们自行更换角色并开始新的表演。

区域活动最后，表演区的小朋友们展示了自己的节目。

案例归纳

（1）引导幼儿选择对话简单、动作重复、场景少而集中、方便布置道具的故事内容；
（2）提供相对固定的表演区或小舞台，投放 2~4 种简单易操作的材料；
（3）保证 30 分钟以上的游戏时间；
（4）在尊重幼儿意愿的前提下做好角色分配工作；
（5）引导幼儿逐渐掌握游戏规则和表演技能，以开放的心态等待、引导幼儿解决问题；
（6）适度参与幼儿的游戏，为幼儿提供适当的示范；
（7）通过讨论等形式开展游戏评价。

3. 大班幼儿表演游戏指导要点

案例分析

大班案例：

区域活动时间到啦！按照区域活动计划，哈哈、小树、燕燕、多乐来到了表演区。

哈哈拿起装订成册的绘本故事，说："今天我们表演《彩虹色的花》吧，我来当彩虹色的花。"

小树说:"好啊好啊!那我来当小蚂蚁。"燕燕激动地说:"那我当小蜥蜴吧!"

多乐说:"那我就当小老鼠吧!"

哈哈说:"那我们先去穿上自己的表演服,拿上需要的道具吧!"

小朋友们高高兴兴地穿好了服装。

哈哈戴着花朵的头饰蹲在地垫上,左右摇摆地说道:"早安,我是彩虹色的花,你是谁?"

小树说:"我是蚂蚁,我要去奶奶家,可是雪都化了,我要怎么穿过水洼过去呢?"

"是这样啊,那你爬上来摘一片花瓣试试,没准用得上。"哈哈说。

小树趴在地垫上,用黄色的小布当作花朵的花瓣铺在垫子上,手里拿着小木棍比作划船的样子前后摆动。

燕燕、多乐分别学小蜥蜴、小老鼠的样子,把哈哈彩虹花的花瓣当作自己需要的东西……

大家都演过一遍后,多乐说:"我们换一种表演方式吧!"其他三位小朋友点头同意,他们几个人开始商讨起来。

小树说:"彩虹花这么愿意帮助其他小朋友,要不然我们给它举办一场表演吧?"

哈哈说:"好啊好啊!我们可以举办一场森林音乐会。"

就这样,在欢声笑语中几个小朋友开始为彩虹花表演起来。

✔ 案例归纳

(1)提供时间、空间和多种基本游戏材料,少干预;

(2)提供反馈,重点提高幼儿表现故事、塑造角色的能力;

(3)组织反思性谈话和小组讨论,启发幼儿在理解现有情节的基础上,通过想象,创造性地表现作品。

教师在完成上述各项指导任务时,还应注意以下两点。

1. "游戏性"先于"表演性"

为了确保不仅仅是"表演",教师应该给予幼儿更多的自主权,让他们能够自由选择和决定自己的表演方式和方法,而不是被教师的意愿或规定所束缚。教师应该尊重幼儿的"游戏性"感受,并给他们自由游玩和协商磨合的时间、空间。在这个过程中,教师应该遵循表演游戏的一般规律,并帮助幼儿理解和表现他们的想法,而不是指挥他们。

2. "游戏性"与"表演性"的统一

表演游戏的"表演性"与"游戏性"并不是互不相容的,而是可以很好地融合交织在一起的。"游戏性"应当是基本的,它体现在整个活动过程中;"表演性"则是逐渐提高完善的,由"一般性表现"向"生动性表现"发展,最终作为活动的结果显现出来。幼儿的表演游戏从"一般性表现水平"向"生动性表现水平"的提升是一个发展的过程,需要时间,更需要重复和练习。

🐝 练一练

扫描二维码,分析视频中教师用到了哪些表演游戏指导要点,完成表格的填写,见表3-5 表演游戏指导。

表 3-5　表演游戏指导

表演主题	指导要点

七、决策评价

以小组为单位对本组表演游戏计划进行展示分享，教师对照决策评价表（见表 3-6）查找问题，对本组的计划进行修订并决策，确定最终的表演游戏计划。

表 3-6　决策评价表

评价内容	评价标准	是否合理
作品选择	作品不陈旧，适合幼儿表演（情节清晰、趣味性强、易于表现、剧本旁白较少）；符合主题，幼儿的年龄特点、兴趣爱好、生活经验	
环境创设	有自制的服装或道具，体现角色特点； 舞台布置符合表演需要； 背景音乐合理，起到了烘托场景的作用	
游戏目标	符合该年龄阶段幼儿的年龄特点和表演游戏水平	
游戏指导要点	能够把握时机介入游戏，指导方式方法适宜，能够有效地帮助幼儿自主解决问题	

3.3　游戏组织实施

完成本小节学习后，你需要完成〖工作页三〗，见表 3-7。

以小组为单位，依据本组所制订的游戏计划，选择一名同学扮演幼儿园教师，其他同学扮演幼儿，进行情境表演并分组展示。各小组对其他小组的表演进行观察，并完成〖工作页三〗观察记录表的填写。

表 3-7　〖工作页三〗观察记录表

观察名称				
观察教师			观察地点	
观察目标				
观察对象		年龄	观察时间	
观察原因				
观察实录				
观察分析				
教育措施				

一、观察内容

游戏是教师了解幼儿的学习兴趣和需要的最好窗口。通过对幼儿的学习特点、需要与兴趣的了解，教师可以与幼儿互动，生成和发展课程内容。教师需要重点观察的内容如下：

✓ 在日常活动中随机观察，敏锐地发现幼儿的学习兴趣需要，并以此为依据，及时地组织和指导幼儿开展相应的学习活动。

✓ 在游戏中进行班级整体扫描式观察，观察幼儿的表情、言行，判断他们是处于主动活跃的积极状态还是无所事事的消极状态，判断空间材料是否适合幼儿活动需要。

✓ 在游戏中有重点地进行个别观察，注意小组幼儿或个别幼儿的特定需要，适时适度地提供帮助。

二、指导方法

教师对幼儿表演游戏的指导可以涵盖多方面的内容，大致包括幼儿所扮演角色的对话及出场顺序是否正确，幼儿所扮演角色的动作、表情是否到位，幼儿对所扮演角色的道具的使用情况，幼儿对游戏情境的布置是否合理，以及幼儿在游戏中是否有创新等内容。教师可以采用以下三种指导方法。

1. 引导幼儿学会合作协商

分配角色可由表演能力和组织能力较强的幼儿担任。要使幼儿懂得照顾同伴，让胆小的幼儿也能扮演角色，但也要避免让能力强的幼儿经常做主角。

2. 帮助幼儿提高表演技能

文艺作品中的内容和情节需要凭借幼儿一定的表现技能而得以再现和展示，因此培养和提高幼儿的表演技能是完成表演游戏的重要前提。一方面，要提高幼儿口头语言的表达技能，具体方法为指导幼儿大胆地把角色的语言表达出来，指导幼儿较清晰、流畅地用普通话表演，指导幼儿运用相应语调来表达思想感情。另一方面，要提高幼儿的形体表演技能。表演游戏需要幼儿的步态、手势等比日常生活中的要夸张一些，要有表演的舞台效果。此外，各个角色的角色特点不同，需要幼儿在表演游戏中恰当而准确地把握。

3. 启发幼儿关注游戏问题

表演游戏每个阶段都存在各种各样的问题，包括幼儿自己的经验与游戏所需经验存在差距的问题，现有材料与游戏所需材料的矛盾问题等。由于这些问题缺乏具体可见性，幼儿常常无法主动发现，这时教师就要善于营造有利于幼儿自发讨论的环境氛围，用启发性的语言引导幼儿展开讨论，共同探讨游戏中的问题，从而提高幼儿的游戏水平。教师通常可以采用"游戏中有什么问题需要讨论吗？""你要怎么做才可以解决这个问题呢？""为了使下次游戏玩得更开心，还需要做什么？"等启发性语言进行提问，并引导幼儿通过个别、小组、集体等多种形式进行讨论。

三、结束游戏

1. 欣赏表演作品

教师要认真地欣赏幼儿的表演，对他们的改变进行肯定和表扬，并和幼儿一起讨论如何改编剧本。经过一次次演出、讨论，等到再次演出时，这部短剧就成为幼儿自己创作并深受欢迎的游戏作品了。

2. 组织讨论

小组讨论与互相评议对于幼儿主体性的发挥和表演能力的提高是极为有利的。教师是幼儿表演游戏和小组讨论的组织者和支持者。在小组讨论中，教师的引导性提问十分重要。例如，在"三只小猪"活动中，幼儿每次表演活动结束后教师都会问："你们觉得表演得好吗？好在哪里？不好在哪里？"这些问题可以引导幼儿反思自己的表现，发现其中存在的问题并寻找解决问题的方法。这种引导性提问向幼儿提出许多挑战，促使幼儿的能力不断提高。

教师应为幼儿的讨论营造一种民主平等的气氛。教师不应该扮演"裁判"的角色来评定幼儿表现的"好坏",也不应该扮演答案的提供者来告诉幼儿应该如何做。教师应该不断激发幼儿思考,让他们自己发现存在的问题并提出解决问题的方法。当发现幼儿在游戏中缺乏有关知识经验时,教师可以通过提问的方式帮助幼儿意识到"问题",让幼儿带着问题在游戏活动中去寻找相关信息,而不是直接告诉幼儿答案。

3.4 游戏评价反思

完成本小节学习后,你需要完成〖工作页四〗,见表 3-8。

各小组依据对其他组情境表演的观察和记录,对该组幼儿游戏进行评价,完成〖工作页四〗幼儿表演游戏评价表的填写。

表 3-8 〖工作页四〗幼儿表演游戏评价表

评价内容	评价标准	评语
游戏兴趣	1. 能主动、积极地参与表演 2. 能专注、持续地进行表演	
作品理解	1. 能理解作品的情节、结构和发展脉络 2. 能理解和把握角色的形象与特征	
表演能力	1. 能选择自己喜欢的角色大胆地进行表演 2. 能运用替代材料充当道具或者自制道具 3. 进行角色的自我装扮并努力体现角色的形象特点 4. 表演时使用的语言、动作符合角色特点 5. 操作、使用材料的技能水平有利于角色形象塑造 6. 对角色或形象进行创意表演或表现	
合作交往	1. 能使用交换、轮流等方法与同伴协商分配角色 2. 与同伴及时协同、合作表演并坚持到底 3. 与同伴协商并有效解决表演中的矛盾和争执 4. 表演秩序井然,一气呵成	
表演体验	1. 积极参与游戏评价,乐意向同伴介绍自己的游戏体验 2. 关注并理解同伴的游戏体验	
社会性水平	1. 独自表演 2. 平行表演 3. 联合表演 4. 合作表演	

续表

评价内容	评价标准	评语
规矩与习惯	1. 遵守表演规则 2. 爱护道具 3. 能收放整齐，动作迅速	
创造力	在有主题的基础上，具有一定创造性（剧本创作、道具准备、操作动作等方面）	

一、幼儿游戏评价

教师应根据游戏的目的、讲评的目的及游戏情况，有的放矢地采用多种评议方法，充分调动幼儿的积极性，以提高游戏水平。以下是五种评议方法。

1. 以角色身份参与评议

教师在评议中扮演重要的角色，不仅能让幼儿感受到真实的感觉，还能为他们提供示范，促进他们的学习和模仿。例如，在讲评《小羊和狼》时，教师先后扮演小羊和狼，使幼儿明白大灰狼凶狠、残暴，故表情应凶狠；小羊胆小，说话声音应细小，表情应可怜、害怕。幼儿在宽松愉快的评议中进一步理解了作品中角色的特征及情感变化过程。

2. 自我评议法

所谓幼儿自评，就是幼儿对自己在游戏中的表现做出相应评价。幼儿在评价时，往往喜欢"告状"（如谁表演得不好、谁抢了玩具等），对自己的行为优劣反而较模糊。教师在游戏中应鼓励幼儿进行自我评价，如"今天你扮演了谁？你认为自己扮演得好不好？为什么？"，使幼儿懂得判断。通过自我评价，可以促进幼儿自律行为的发展，帮助幼儿懂得自己今后在游戏中怎样做得更好。

3. 讨论式评议法

讨论式评议法指经过自我评价，引导幼儿针对游戏情况开展讨论。幼儿在讨论中寻找答案，解决游戏中出现的问题。

4. 再现式评议法

再现式评议，即让幼儿在游戏结束后再现游戏中的重要情节或某些片段，组织幼儿认真观察后进行评议。这种方法能让幼儿更清楚地了解游戏情况及同伴的表演情况，使之懂得应该怎样玩、怎样扮演角色，促进幼儿提升游戏表演水平。

5. 现场评议法

在幼儿参与表演游戏时，教师要善于观察幼儿的表演情况，及时发现问题。评议时，教师组织幼儿讨论、分析原因、寻找解决问题的方法。例如，教师在幼儿表演过程中发现进行指偶表演"拔萝卜"的幼儿的操作技巧掌握得不够好。在游戏结束后，教师请全班幼儿进行现场评议，集体欣赏指偶表演，引导幼儿评价表演中的操作技巧及角色扮演方面的优缺点，从而提高幼儿的指偶表演能力。

总之，表演游戏的评价方法多种多样，在表演过程中，教师要灵活运用、互相渗透，提高表演游戏的评价质量。

二、工作过程评价

各小组对本组游戏实施全过程进行反思评价,并填写表 3-9 工作过程评价表。

表 3-9　工作过程评价表

评价内容	达成度（★）	说出你觉得不足的具体表现是什么	改进措施
基于幼儿的年龄特点和需求投放表演游戏材料,创设表演游戏环境	☆☆☆☆☆		
观察并指导各年龄班幼儿开展表演游戏	☆☆☆☆☆		
尝试撰写表演游戏计划和观察记录表	☆☆☆☆☆		
结合观察记录表和评价标准,对幼儿表演游戏进行客观评价	☆☆☆☆☆		
当与他人合作完成游戏设计、文稿撰写、案例分析、情景模拟时,具有合作意识并能够与他人有效沟通	☆☆☆☆☆		
当撰写游戏设计文稿时,具备文字书写能力和语言组织能力	☆☆☆☆☆		
在游戏指导中,逐步渗透中华优秀传统文化,具备批判质疑、勇于探究的科学精神	☆☆☆☆☆		
当进行案例分析、制订计划等环节时,具备分析、归纳和总结的能力	☆☆☆☆☆		

三、工作反思

1．请以海报的形式,图文并茂地对本单元表演游戏内容进行梳理。

2．反思任务实施过程,思考以下问题。

（1）你依据哪些因素来制定表演游戏目标？具体是什么？

（2）你投放了哪些游戏材料,并创设了怎样的游戏环境？该环境与材料在游戏实施过程中是否合理？

（3）在游戏实施环节中,你采用了什么指导方式？具体是如何进行指导的？

3．请对照本单元学习目标,对所学内容进行反思,根据自己的掌握程度,在表 3-10 工作反思评价表中给出具体星数,5 颗星即为满分。

表 3-10　工作反思评价表

评价内容	掌握程度★
说出表演游戏的特点和种类	☆☆☆☆☆
说出表演游戏的教育作用	☆☆☆☆☆
总结表演游戏的指导内容	☆☆☆☆☆

续表

评价内容	掌握程度★
说出各年龄班表演游戏的特点与指导要点	☆☆☆☆☆
说出表演游戏的观察要点与评价内容	☆☆☆☆☆
根据某一主题的表演游戏，分析出其具体特点、种类和教育作用	☆☆☆☆☆
根据幼儿的年龄特点和需求投放表演游戏材料，创设表演游戏环境	☆☆☆☆☆
观察并指导各年龄班幼儿开展表演游戏	☆☆☆☆☆
尝试撰写表演游戏计划和观察记录表	☆☆☆☆☆
结合观察记录表和评价标准，对幼儿表演游戏进行客观评价	☆☆☆☆☆

学习情境 4

体育游戏组织与指导

幼儿体育游戏是根据一定的体育任务设计的，由身体动作、情节、角色和规则组成的游戏。不同于角色游戏、结构游戏和表演游戏，它由各种基本动作组成，有严格的规则和明确的结果，是以发展幼儿身心为目的的一种锻炼活动。体育游戏的内容丰富有趣，形式多样，易于激发幼儿参加体育活动的兴趣和愿望，并能锻炼幼儿的身体素质，对幼儿具有很大的吸引力。

学习目标

根据幼儿的年龄特点、兴趣需要、游戏水平、游戏特点与价值等因素，为幼儿提供相应的游戏材料并创设适宜的游戏环境，对幼儿体育游戏进行适时指导，最后完成游戏的评价与总结。

【知识目标】

- ✓ 说出体育游戏的特点、种类、教育作用及游戏玩法。
- ✓ 列出体育游戏的指导内容。
- ✓ 总结各年龄班体育游戏的特点与指导要点。
- ✓ 说出体育游戏的观察与评价要点。

【能力目标】

- ✓ 能根据某一主题的体育游戏，分析其具体特点、所属体育游戏种类和教育作用。
- ✓ 能通过案例，分析总结体育游戏的指导要点，以及各年龄班体育游戏的特点。
- ✓ 根据幼儿的年龄特点和需求投放体育游戏材料，创设体育游戏环境。
- ✓ 观察并指导各年龄班幼儿参与体育游戏。
- ✓ 尝试撰写体育游戏计划和观察记录表。
- ✓ 尝试创编体育游戏并组织实施游戏。
- ✓ 结合观察记录表和评价标准，对幼儿体育游戏进行客观评价。

【情感态度价值观目标】

✓ 树立社会主义荣辱观，遵守社会公德，热爱幼儿园教师职业，认同并遵守幼儿园教师职业道德规范。

✓ 当团队合作制订游戏计划时，具备批判质疑、勇于探究的科学素养，科学严谨、精益求精的工匠精神，沟通协作、乐观积极的工作态度；具备信息搜索、筛选、归纳和总结的思维习惯。

✓ 当撰写游戏计划文稿时，文字书写工整规范，逻辑清晰；当指导幼儿游戏时，积极关注幼儿，平等对待幼儿，具备以幼儿为本的教育观及儿童观；关注细节，付出爱心、耐心和细心，展现吃苦耐劳的劳动精神。

✓ 当分析案例时，对案例进行分析、归纳和总结。

✓ 提升锻炼身体的意识，促进健康素养的提升。

✓ 通过对体育游戏规则的制定和描述，树立安全、规则和创新意识。

情境导入

听了《小马过河》的故事后，糖豆儿对刘老师说："刘老师，小马真厉害！我也想帮助小马运粮食！"糖豆儿刚说完，一群小朋友就围了过来。刘老师说："可以呀！"珞珞说："小马比我们高，我们要怎么过河呢？"嘟嘟说："我们搭桥过河吧！"刘老师说："可以呀，我们一起出去看看！"

小朋友们来到户外，发现有两座小桥。东东对珞珞说："你看，这条河里都是小石头。我和爸爸妈妈出去玩的时候小河里也有这样的石头，踩着石头就能过河了！"糖豆儿说："那多没意思，小桥多高，我要走小桥！"刘老师说："小朋友们需要背上装满粮食的背包，翻过高山，选择一种通过小河的方法运送粮食，再返回来把背包交给下一位小朋友。我相信你们能顺利运送粮食！"

第一个出发的是糖豆儿。越过高山后糖豆儿选择走小桥（平衡木）过河，他打开双臂慢慢地通过了小桥。

第二个出发的是小女生珞珞。珞珞选择踩小石头过河。

就这样，小朋友们选择了自己能挑战的方式运送了粮食……

【情境思考】

1. 游戏是如何生成的？幼儿在游戏中获得了什么？
2. 游戏对于幼儿来说有难度吗？为什么？
3. 案例中的老师在设计游戏时是否关注到幼儿的个体差异？请举例说明。

4.1 体育游戏认知

完成本小节学习后,你需要完成〚工作页一〛,见表4-1。

游戏体验

通过对体育游戏基本知识的学习与认识,自选主题,分析游戏过程中哪些方面体现了体育游戏的特点、种类和教育作用,并举例详细说明,完成〚工作页一〛体育游戏基本知识的填写。

表4-1 〚工作页一〛体育游戏基本知识

主题	游戏特点	游戏种类	教育作用

一、体育游戏的特点与价值

案例分析

中班运动会

中班运动会结束了,但是小朋友们的运动精神和竞赛意识还很强烈。于是中三班的小朋友自发地结成四个小组,进行了"跑男比赛"游戏。

首先由恬恬进行了游戏规则的讲解,第一关需要小朋友们触摸到纸棍,触摸后折返,折返回来后跑到第二关触摸瓢虫标志物,然后再次折返到第三关跨越栏杆,到达终点后加速跑回队伍,击掌后下一个小朋友出发。之后是各组成员进行游戏试玩,每组的第一名小朋友出发,小组成员之间比着喊"加油!"。第二组的佑佑只顾着看旁边的小朋友喊加油而忘了出发,梓熙对佑佑说:"到你了,快出发啊!"试玩结束后,第二组没有得到第一名,轩轩对小朋友们说:"一会儿比赛大家别愣神,快点跑!"

正式比赛马上就要开始了,小朋友们握紧拳头,全神贯注地看着前面的障碍物。景老师说:"预备,开始!"队员们大声喊着"加油!"。比赛的队员们一边跑一边看其他队员是否超过了自己。最后第二组胜利了,其他组的队员说:"我们下次就超过你们了!"

✓ 案例归纳

1. 幼儿体育游戏的特点

(1) 情节性和竞赛性

体育游戏能够让幼儿感受到运动的乐趣,它的魅力在于它的情节性和竞赛性。

多数幼儿体育游戏活动都包含着许多情景和角色扮演,这种表现形式适合幼儿喜欢模仿和表演的特性。竞赛是体育游戏中常见的一种游戏形式,它能充分满足幼儿争强好胜的心理需求,比较适合大班幼儿。以"跳"为例,如果单纯枯燥地让幼儿练习双脚跳,幼儿跳几下就不感兴趣了。可是只要把它变成一个"小白兔回家"的体育游戏,幼儿便会很有兴趣地跳个不停。如果再在游戏中加入竞赛性因素,如"比赛看看哪只小兔先到家",幼儿则一定会更加快乐而努力地跳,由此可见体育游戏的魅力。体育游戏正是以它自身的趣味性,使幼儿产生快乐的情绪,给他们的身心健康带来许多有益的影响。

(2) 促进幼儿基本动作的发展

幼儿会在体育游戏中完成走、跑、跳、追逐、躲避、跳跃、投掷、滚、爬、吊、拉、推、平衡等基本动作。体育游戏能够激发幼儿对体育运动的浓厚兴趣,促进他们的身体成长、体能发展。

体育游戏需要幼儿对信号和环境变化做出快速反应。游戏中发生的各种情况会促使幼儿随时改变肌肉控制的紧张程度和运动的方向。例如,在"捕鱼"游戏中,作为"小鱼"的幼儿必须注意"渔网"的动作,当"渔网"靠近的时候,幼儿必须迅速地跑开,感到自己安全了,才放慢速度,最终停住;当"渔网"又靠近时,幼儿又得加快速度。这些信号有些显而易见,有些则比较隐蔽。

(3) 体育游戏是幼儿园健康教育的重要方式

体育是幼儿园健康教育的一项重要内容。教育部颁布的《幼儿园教育指导纲要(试行)》(以下简称《纲要》)指出:"开展丰富多彩的户外游戏和体育活动,培养幼儿参加体育活动的兴趣和习惯,增强体质,提高对环境的适应能力。"因此,组织幼儿进行户外体育活动是幼儿园一日生活的环节之一。

幼儿园体育工作的任务主要通过两条途径来完成:一是体育活动,包括早操、体育课及户外体育活动等常规锻炼方式。二是体育游戏。幼儿园的体育活动与体育游戏既有联系又有区别。两者的联系主要体现在它们的目标是相同的,都是为了提高幼儿对锻炼身体的兴趣,促进幼儿身体的健康发展;都是为了发展幼儿的基本动作,让幼儿掌握各种基本动作的技能、技巧。两者的区别表现为在锻炼幼儿身体、促进身体各机能发展及增进健康等方面的侧重点不同。体育活动只有锻炼的属性,而体育游戏除锻炼之外,还具有趣味和竞技的属性。体育游戏比一般的体育活动能更全面地发展幼儿的身心。因此,《纲要》才将"喜欢参加体育活动,动作协调、灵活"确定为幼儿园健康教育的重要目标,体育游戏则是实现这一目标的重要方式。

2. 体育游戏的价值

体育游戏符合幼儿的身心发展特点，能满足他们的身心发展需要。经常进行体育游戏，对促进幼儿身体、动作、智力、品德等各方面发展都有积极的作用。

（1）有利于幼儿锻炼身体，发展基本动作，提高运动能力

幼儿在体育游戏中进行奔跑、跳跃、投掷等活动，能加强中枢神经系统的支配性及心脏、血液循环、呼吸系统的运动，加强运动器官大小肌肉的积极活动，使各器官系统的生理机能都得到锻炼和改善，能更好地促进新陈代谢，从而达到增强体质的目的。体育游戏通过反复练习各项基本动作，不仅可使基本动作得到进一步发展和完善，基本活动能力得到进一步提高，而且由于幼儿基本动作的正确、协调、灵活和运用自如，还能给他们的实际生活带来许多便利。此外，在户外开展体育游戏活动时，幼儿可以享受充足的空气和阳光，大大提高了他们对变化的外界环境的适应性，增强了其抵抗力。

（2）有利于幼儿智力的发展

做体育游戏时，由于身体承受了一定的运动量，血液循环加速，从而能够改善脑的营养供应，促进脑的发育，为幼儿智力的发展提供了更好的物质基础。同时，体育游戏可以培养幼儿的思维能力、创造能力和竞争能力；体育游戏使幼儿对外界的刺激反应更加迅速、准确，从而加强了幼儿大脑分析综合的能力；在张弛有度的体育游戏中，幼儿的神经系统灵活性和均衡性能够获得明显改善，使他们在学习和生活中精力更加充沛，思维更加敏捷。在体育游戏中，还可以发展幼儿视觉和空间听觉定位能力，帮助幼儿理解相对、越过、旁边等空间位置和开始、接着、同时等时间的概念。各种游戏活动的具体内容、情景和规则还能够帮助幼儿学到一些知识，培养幼儿对知识的应用能力，并促进他们的注意力、观察力、想象力和记忆力的发展。

（3）有利于培养幼儿的意志品质

体育游戏不仅能够让幼儿学会机智、勇敢、努力地克服困难，而且还能培育他们的责任心和互助互爱的精神。体育游戏以它的动作、情节、角色和竞赛的趣味性引人入胜，能激起幼儿良好的情绪，从而培养他们乐观向上的性格。体育游戏一般都有严格的规则，而规则可以培养幼儿的自持力、耐心。同时，教师对游戏规则的认真贯彻和严格要求，可以使幼儿在完成游戏任务时克服自私自利的情感，控制自己的情绪。

（4）有利于培养幼儿的美感

在体育游戏中，整齐划一的体育形式，在很大程度上表现了游戏场面的美，这种美好场面是每个参与者都可以感受到的。各种队列——圆形、横队、纵队都要求幼儿动作准确、姿势优美，从而培养了他们的美感。在体育游戏中，应让幼儿在获得动作技能的基础上，注重动作的准确度、协调性和灵活性，同时关注动作的美。教师应注意幼儿动作的表现力，并鼓励他们为表现美好形象而做出努力，从而将美育贯穿整个体育游戏的过程。

二、体育游戏的种类

分类活动

小组进行头脑风暴，将自己了解的游戏进行列举，之后根据对该小节的学习，将所列出的游戏归类到相应的体育游戏种类中。

活动归纳

幼儿体育游戏多种多样，为了方便我们了解各类体育游戏的结构、特点和规律，可以

把种类繁多的体育游戏按照不同的方式做出区分和归纳。下面介绍几种主要的分类法。

1. 按游戏组织形式分类

幼儿园的体育游戏可分为自主性体育游戏和教学性体育游戏两种。自主性体育游戏是以幼儿为主，幼儿自主选择运动形式和运动器械，并自由组合玩伴的自主性游戏活动；教学性体育游戏则是以教师为主导，为完成一定的教学目标而组织的教学性游戏活动。

2. 按游戏有无情节分类

体育游戏可按其有无情节分成主题游戏和无主题游戏两种。主题游戏以假定的形式反映生活中的片段或童话故事中的情节，如"麻雀和汽车""猴子和猎人"等；无主题游戏则没有一定的情节和角色，或包含了幼儿感兴趣的动作内容，或具有了竞赛性因素，如接力、捕捉等游戏。

3. 按游戏活动的形式分类

体育游戏按其活动的形式可分成接力、追拍、争夺、角力和猜摸游戏。

接力游戏是以接力的活动形式进行各种走跑、跳跃、投掷、攀爬和球类等项目的分组竞赛游戏；追拍游戏是游戏者追拍其他游戏者或球，训练幼儿的奔跑能力及反应力的竞争游戏，追拍游戏常带有一定的心理紧张因素，有的还有一定的情节和角色，如"狼来了""大鱼网"等游戏；争夺游戏是为争夺一定的物品或位置而进行的一种斗智比速游戏，在球类游戏中运用较多；角力游戏是游戏者相互比较力量，斗智斗勇的对抗性游戏，游戏分成双人角力游戏和多人分组角力游戏，如拔河；猜摸游戏是在体育游戏中，蒙住游戏者的眼睛，利用听觉、触觉、平衡觉来进行运动和猜物的游戏，它能发展幼儿的多种感官和身体的协调性，是一种十分有趣的游戏类型。

体育游戏还有其他分类法。例如，按其活动的内容，可分为走跑游戏、跳跃游戏、投掷游戏、攀爬游戏、平衡游戏和球类游戏；按游戏对提高身体素质的作用，可分为发展灵敏度素质的游戏、发展力量素质的游戏、发展速度素质的游戏、发展柔韧素质的游戏和发展耐力素质的游戏；按场地分为室外游戏和室内游戏；按器材可分为持轻器械（球、棍、沙包、绳等）游戏和不持器械的徒手游戏；等等。

尽管分类的方法有很多，但不论哪一种分类法都有它不全面的地方。例如，按活动内容分类，就不能将对抗性的角力游戏归为所属，而其中的球类游戏又和许多类游戏（如投掷）有着重合。

4.2 自主性体育游戏计划制订

完成本小节学习后，你需要完成〖工作页二〗，见表4-2。

通过对体育游戏指导内容的学习，以小组为单位自选主题，并完成〖工作页二〗自主性体育游戏计划的填写。

表 4-2 〖工作页二〗自主性体育游戏计划

游戏主题	
游戏目标	
游戏准备	
规则建立	
游戏过程中的指导内容	

一、确定游戏目标

幼儿正处在生长发育的时期，身体各器官各系统发育尚未成熟，容易因为各种自然因素的变化而影响健康。因此，适合幼儿生理特点的户外体育活动可以提高幼儿身体的适应能力、抗病能力，增强体质，促进其身体健康发展。一般幼儿园要保证每天有两小时的户外活动时间。同时，在户外体育活动时间里要有专供幼儿进行自由游戏活动的时间。

二、提供物质条件

孩子最喜爱大型活动游戏玩具，如滑梯、跷跷板、吊桥等，教师要注意应当经常检查这些玩具的安全性，避免安全事故的发生。除了这些固定器械玩具，教师还应投放一些具有挑战性的小型运动器材，如平衡木、套环、沙包等。这些玩具应根据幼儿现有的运动能力来选择，让幼儿既获得成功又受到挑战。

教师还可以针对幼儿的游戏兴趣制作一些简单又安全的手头玩具提供给幼儿，以满足他们的游戏需要。例如，幼儿爱玩打仗游戏，则可以制作纸棒给他们玩；幼儿喜欢互相抛掷，则可以制作一些内放棉花的软包；教师还可以让幼儿通过合作共同制作玩具，这样既增加了游戏的趣味性，又满足了不同幼儿游戏的需要，还能锻炼幼儿的想象能力和动手能力。

三、帮助幼儿建立规则意识

规则是确保游戏顺利开展的关键因素，自由游戏也需要有规则。教师应该协助幼儿建立规则意识、安全意识，同时也不能过多限制幼儿的自由游戏。例如，玩大型运动玩具时，幼儿应按秩序轮流进行，不能插队；玩玩具不能争抢，要和他人商量；踢足球时要轮流守门和踢球；等等。

幼儿在游戏中都非常投入，往往会把握不住分寸。例如，玩"抓坏蛋"游戏时，容易出现幼儿动作过大、打架，甚至弄伤个别幼儿等情况。这时，教师应帮助幼儿分配角色，告诉幼儿要轮流扮演角色，使他们明白"坏蛋"也是小朋友扮演的，是假的，这样幼儿玩时才会小心，不让小伙伴受伤。

4.3 教学性体育游戏计划制订

完成本小节学习后，你需要完成〖工作页三〗，见表4-3。

通过对体育游戏指导内容的学习，以小组为单位自选主题，并完成〖工作页三〗教学性体育游戏计划的填写。

表4-3 〖工作页三〗教学性体育游戏计划

游戏主题	
游戏目标	
游戏准备	
游戏组织方式	
游戏过程中的指导内容	
结束游戏	

一、确定游戏目标

在"动作发展"领域，我国颁布的《3—6岁儿童学习与发展指南》（以下简称《指南》）列出了三条具体目标，分别为"目标1：具有一定的平衡能力，动作协调、灵敏""目标2：具有一定的力量和耐力""目标3：手的动作灵活协调"。

从这三条目标可以看出，幼儿时期的动作发展包括大肌肉动作（目标1与目标2）与小肌肉动作（目标3）两个方面。体育游戏的主旨是"锻炼幼儿身体，发展基本动作的能力"，因此体育游戏的目标，我们主要参考《指南》中"动作发展"的前两条目标。为了让每条目标更加客观、可行，《指南》根据不同的年龄段，在每条目标下拟定了不同年龄阶段的典型目标（见表4-4、表4-5）。

表4-4　目标1：具有一定的平衡能力，动作协调、灵敏

3~4岁	4~5岁	5~6岁
1. 能沿地面直线或在较窄的低矮物体上走一段距离	1. 能在较窄的低矮物体上平稳地走一段距离	1. 能在斜坡、荡桥和有一定间隔的物体上较平稳地行走
2. 能双脚灵活交替上下楼梯	2. 能以匍匐、膝盖悬空等多种方式钻爬	2. 能以手脚并用的方式安全地爬攀登架、网等
3. 能身体平稳地双脚连续向前跳	3. 能助跑跨跳过一定距离，或助跑跨跳过一定高度的物体	3. 能连续跳绳
4. 分散跑时能躲避他人的碰撞	4. 能与他人玩追逐、躲闪跑的游戏	4. 能躲避他人滚过来的球或扔过来的沙包
5. 能双手向上抛球	5. 能连续自抛自接球	5. 能连续拍球

表4-5　目标2：具有一定的力量和耐力

3~4岁	4~5岁	5~6岁
1. 能双手抓杠悬空吊起10秒左右	1. 能双手抓杠悬空吊起15秒左右	1. 能双手抓杠悬空吊起20秒左右
2. 能单手将沙包向前投掷2米左右	2. 能单手将沙包向前投掷4米左右	2. 能单手将沙包向前投掷5米左右
3. 能单脚连续向前跳2米左右	3. 能单脚连续向前跳5米左右	3. 能单脚连续向前跳8米左右
4. 能快跑15米左右	4. 能快跑20米左右	4. 能快跑25米左右
5. 能行走1千米左右（途中可适当停歇）	5. 能连续行走1.5千米左右（途中可适当停歇）	5. 能连续行走1.5千米以上（途中可适当停歇）

1. 小班幼儿体育游戏特点

小班幼儿体力较弱，协调性、灵敏度、平衡性、柔韧度等身体素质都处于发展过程中，大肌肉群发育尚未完善，各项基本动作也没有正确掌握。小班幼儿对有故事情节的体育游戏感兴趣，愿意积极参与，但游戏内容和情节不宜过于复杂，角色不宜过多。

案例分享

游戏开始了！小朋友们你说一句我说一句，这时羊羊一边跑一边说："梁老师，他总是跟着我。"说着羊羊还大声地哭了起来。梁老师抱住羊羊，对他说："羊羊，别害怕！他是你的影子，是你的好朋友。"羊羊听了后看着这个黑色的影子，说："我的好朋友？"梁老师说："对啊！每个人都有自己的影子，你看梁老师也有。"说完梁老师做着各种动作，黑色的影子也在变换和梁老师一样的动作。小朋友们纷纷学着梁老师的样子动来动去。

这时，梁老师站出来，对小朋友们说："孩子们，我来看看谁的影子跑得最快，让我踩不到。"话音刚落，孩子们四散地跑来跑去。羊羊躲避梁老师时不小心撞到了身后的牛牛，牛牛摔倒在地。梁老师及时扶起了牛牛，说："牛牛很勇敢！"梁老师问道："踩影子的游戏难不难？""不难。"小朋友们异口同声地说。于是，梁老师又问："那为什么牛牛会摔倒呢？"羊羊说："是牛牛在我的身后跑，我不小心撞到他了。"皓宇说："因为羊羊跑的时候没有看着小朋友。""那你们觉得如何才能不摔倒、不撞到小朋友呢？"孩子们你一句我一句，最后梁老师和小朋友们一起讨论了起来。

很快，梁老师和小朋友们总结出一些办法：跑的时候要往人少的地方跑、要左看看右看看、要慢一点，当感觉累的时候可以在阴凉的地方休息一下。经过几次游戏之后，小朋友们在跑的时候会注意身边的小朋友而不是横冲直撞地踩影子了。

2. 中班幼儿体育游戏特点

中班幼儿在身体和动作发育等方面有所发展，动作比小班幼儿更加协调和灵活，游戏过程中注意力较为集中，有一定的规则意识。中班幼儿除了喜欢有丰富游戏情节和角色的体育游戏，还愿意开展追逐性游戏，竞争意识逐步形成，因此中班幼儿体育游戏的规则较小班更为复杂，并带有一定的限制性。

案例分享

在进行户外活动的时候，小朋友们进行了10米折返跑的游戏。轮到二鸣和北北出发了。"出发！"我喊出了口令。二鸣和北北相互等了一会儿，景老师说："二鸣、北北快跑呀！别等着了。"这时二鸣和北北才慢慢地出发了，在跑的时候北北看了眼二鸣，二鸣对着北北招了招手，两人谁也不着急。在返回的时候景老师说："跑快点，加油！大步跑。"北北迈着大步向前跑，二鸣则迈着小碎步往前跑。我问小朋友们："你们谁想和老师一起比赛呢？"北北举起了手。"好，北北来和老师比一比。"景老师喊出口令后，我迈着大步向前跑，北北一脸认真地紧紧跟在我身后。在返回时景老师大声地喊："北北，快追上岳老师。"北北加大了步伐、加快了速度，一直紧跟着我。等我跑回后，景老师说："二鸣，咱俩比一次吧！"二鸣低着头说："好吧！"当老师喊出口令后，景老师马上出发了，二鸣则一边慢慢地跑着，一边笑嘻嘻地说："哎呀，好累呀！"

小朋友们稍作休息后，老师拿出了一个重量为2斤左右的大怪物挂在了滑轮上。景老师叫来了二鸣，二鸣看着大怪物笑了起来。景老师说："当你跑到小娃娃那里时，大怪物就会下滑，别让大怪物追上你呀！"二鸣看了眼滑轮上的大怪物说："哎呀，他不会咬我吧！"景老师说："预备，开始！"二鸣收住笑，认真地盯着前面的娃娃快速向前跑。在二鸣返回时，景老师放下了绳索，大怪物快速地滑了下来。二鸣这次不回头看，也不迈着小碎步，而是快速地向前跑，冲到了终点。小朋友们都为二鸣鼓起了掌。景老师说："二鸣，你真棒！下次你要跑得再快一点。"其他小朋友看了后，纷纷想要试一试……

3. 大班幼儿体育游戏特点

大班幼儿在身体素质、动作能力等方面比小班、中班幼儿有明显提升，能熟练地掌握各项基本动作，动作的协调性、平衡能力、灵敏度、耐力等都显著增强，观察分析和理解能力、规则意识和竞争意识也明显提升，喜欢竞赛性游戏，因此大班幼儿体育游戏内容较复杂、难度较大，规则限制较多。

案例分享

天气越来越热，小朋友们带着自己的水枪准备进行水枪大战。恬恬跑来说："老师，轩轩的水枪太大了，我的衣服都湿了。"还没等我回答，梓熙说："你跑起来啊，躲在景老师身后他就不敢滋你了。"恬恬和梓熙装好水，快速地进入了"战场"。不一会儿，恬恬和梓熙一起跑到我面前说："景老师身后太多人了，我们没地方躲了。""那怎么办呢？"我说。宛伊说："可以躲在轮胎后面吗？""可是这里没有轮胎啊？"梓彤说："要不我们去把轮胎推过来。"子涵说："好。"

小女生们放下水枪去推轮胎了，她们三个一摞地放了四摞轮胎。小女生们躲在后面一直笑，一一说："看小男生们还怎么滋我们。"小男生们看到小女生们躲在了轮胎后面，纷纷搬来三折垫子立起来，躲在了后面。

新一轮水枪大战开始了，景老师的口令还没说，小女生们就拿着水枪冲向小男生们的阵营滋了起来。小女生们水枪里没了水，小男生们追着小女生们打水枪，大家身上都湿了。二鸣说："你们犯规，游戏还没开始呢！"大宝说："而且我们都到家了，你们怎么还跑进来呢！"小女生沐子说："那你们还跑到我们家里了呢！"年龄最大的轩轩说："那我们来定个规则，我们只能在红色区域进行打水仗的游戏，跑到家里就不能追着滋水了。""行！"小女生们说。"没问题，违反了规则就把水枪给对方玩。"沐子说。大家都同意了这个规则，新一轮的游戏开始了……

教学性体育游戏的指导工作主要包括选择游戏、游戏前的准备、游戏的组织和教学、游戏中的指导及结束游戏五个环节。

二、选择游戏

1. 选择游戏要注意循序渐进，坚持由浅入深、从易到难、从单一到复杂。对于年龄较小的幼儿来说，游戏的内容、动作和规则应该简单，游戏时间应该缩短，运动量也应该减小。随着幼儿年龄的增长，体育游戏的选择应逐渐复杂，游戏时的运动量也应相应增大。

2. 符合幼儿的年龄特点和实际水平。游戏有多种不同的玩法，有些容易学习，有些较难，应根据幼儿的实际能力水平选择。在安排和设计体育游戏时，应让前一个游戏成为后一个游戏的基础，而后一个游戏又是前一个游戏的发展和提高。

3. 注意游戏时间的选择。将新手内容和复习内容交替进行；注意一天中活动量的安排，应劳逸结合；注意不同季节对体育游戏的选择，冬季可选择运动量较大的，夏季则应选择运动量较小的。

三、游戏前的准备

1. 了解游戏。在开始游戏之前，教师应该在了解班级幼儿的性格、习惯、体质、能力等情况的基础上，了解游戏的教育作用，掌握游戏动作，明确游戏规则。

2. 导入游戏。在开始游戏之前，教师应该通过带领幼儿共同制作道具、开展热身活动等形式，学习并了解与游戏相关的知识。这样既准备了游戏所需材料，又能有效地吸引幼儿的兴趣和注意力，保证游戏效果。

3. 安全检查。教师应该在游戏前准备好所需的道具和器材，并且可以让幼儿参与游戏道具的制作和准备过程。这些道具应该是清洁、牢固的，数量应该充足，场地应该是平整、干净的。为了充分吸引幼儿的兴趣，还可以做一些头饰或其他标志，戴在他们的头上或披在肩上。在游戏开始前，教师还要注意检查幼儿的服装是否合乎要求，如衣服不要过长，腰带不宜过紧，鞋带应系好，身上没有不安全物品等。

4. 热身活动。在活动前要做好热身活动，尤其是在冬季，应先将关节、韧带、肌肉等活动开，再进行游戏活动，以防扭伤。

四、游戏的组织和教学

1. 集合

组织幼儿游戏时，教师应使用一定的方法使幼儿集合起来，在游戏现场排成所需要的队形。常用的集合方法有以下几种：①信号式，用铃鼓、响铃、哨声或其他信号来集合幼儿。一般需要事先对幼儿进行训练，让他们知道集合信号的意思。②儿歌对唱式，用儿歌来集合幼儿。例如，教师唱"一二三四五六七，我的朋友在哪里？"，幼儿答"在这里，在这里，你的朋友在这里"，并集合到教师面前。这种方法适合中班、大班幼儿，需要进行较长时间的训练。③过渡性游戏。例如，"看谁站队站得快"游戏就是一个集合游戏。

2. 讲解和示范

讲解主要包括：介绍游戏的名称、方法、动作要求、交替信号和规则等，激发幼儿的兴趣，帮助幼儿建立起初步的游戏概念，了解游戏的玩法。教师讲解的语言要生动形象、简明扼要，富有感染力和鼓动力，同时还应贴近幼儿，能被幼儿理解和接受。同时，讲解时一般结合示范动作进行，以便幼儿理解。

3. 分队（组）、分角色

讲解示范后，游戏开始前，一般还要进行分队（组）、选角色等组织工作。在分队（组）和准备竞赛游戏时，各队的人数应合理，力量搭配要相当。合理地分配角色，能充分发挥幼儿的积极性和主动性，有利于游戏的顺利进行。玩新游戏时，一般多用指定法分配角色。小班一般由教师担任主要角色，以便掌握游戏的时间和情节的发展，同时教师还可起到教育和示范的作用。待幼儿熟悉游戏后，可请能力强的幼儿担任主要角色。在较大年龄班，教师应根据具体情况，针对幼儿某方面的特点，有目地分配角色。例如，让体质好、反应快、奔跑能力强的幼儿担当主要追捉者，可使全体幼儿积极奔跑起来。又如，适当让个别不好动的幼儿担当主要角色，给其一定的任务，以培养其运动能力。

复习游戏时，教师可灵活地采用民主法、随机法、猜拳法和轮流法来确定游戏角色，以吸引幼儿的兴趣，调动幼儿的积极性。需要注意的是，不论用什么方法选择游戏角色，教师都应注意不要只让少数能力强的幼儿担任主要角色或游戏中的组织者。

五、游戏中的指导

要想让体育游戏取得最佳效果，教师必须提供有效的指导。在游戏过程中，教师应该注意控制活动量，并且要提示幼儿严格遵守游戏规则，保持正确的身体姿势，同时还要确保游戏的安全性。

1. 把握适当的活动量

活动量是指在体育活动中，人体所承受的生理负荷量。活动量小，则难以达到锻炼身体的目的；活动量太大，则超过了幼儿身体所承受的能力，对健康不利。

教师应根据幼儿在游戏中的精神情绪和完成动作的情况来判断活动量的大小。如果幼儿继续游戏的兴趣下降，注意力分散，游戏效果变差；或过度兴奋、消沉；或面部发红、发白，满面流汗，气喘吁吁，反应迟钝等，都说明幼儿已经疲劳了。在这种情况下，教师必须进行及时的调节，或让幼儿休息，或调整游戏内容。

调节游戏活动量的方法有以下几种：①增加或减少游戏的组数；②扩大或缩小游戏的场地范围；③延长或缩短游戏的时间和休息时间。教师应根据幼儿游戏的具体情况来调节活动量。需指出的是，幼儿的疲劳现象在一定程度上是正常的，没有一定的疲劳就不能增强体质，但不能造成过度的疲劳。

2. 提醒幼儿遵守游戏规则

在教学性体育游戏中，教师应时刻提醒幼儿遵守游戏规则。这不仅是保证他们顺利完成各种游戏活动的必要条件，也是培养他们良好意志品质的重要方式。

教师在介绍游戏的玩法时，应特别强调游戏规则的重要性，可以将其作为评判胜负的重要标准。一旦幼儿对游戏规则不熟悉，教师就要特别注意提醒幼儿遵守规则。当发现大多数幼儿不遵守游戏规则时，首先应分析造成这种现象的原因。若不是由于幼儿主观因素，而是由于规则不合理造成的，应停止游戏，修改规则；若是由于幼儿对规则没有完全理解，或是对规则不够重视造成的，则可以暂停游戏，重申规则，或在第二次游戏开始前，再次明确规则并提出要求。

3. 注意幼儿身体姿势和动作的正确性

正确的身体姿势对骨骼的发育和形态的塑造至关重要，它不仅能够提升动作的质量，还能帮助我们更好地锻炼身体，达到健康的目的。

在游戏过程中，幼儿往往被趣味游戏所吸引，从而忽略了身体动作的正确性，这种现象在竞赛性游戏中尤为突出。幼儿跑到前面，往往不按要求摆臂，或是闭眼仰头，或是低头往前冲。这时，教师应用语言提示或中止练习，及时予以指导并纠正，使幼儿加深对正确动作的印象。对小班幼儿，可用亲切的口吻说明并纠正其姿态，引起幼儿的注意。在竞赛性游戏评定胜负时，也可以对幼儿在游戏中身体姿势的正确与否进行评价。

4. 注意安全

在游戏过程中，教师既要使幼儿可以尽情玩耍，同时也要保证其安全。为此，教师应该随时检查游戏场地的设施和设备，确保活动场地的安全性。此外，教师还应该给予幼儿必要的照顾和关心，特别是对身体虚弱、胆小和动作迟缓的幼儿，更应该加强保护和帮助。

六、结束游戏（略）

4.4 体育游戏的创编

完成本小节学习后，你需要完成〖工作页四〗，见表 4-6。

自选主题，完成〖工作页四〗体育游戏创编的填写。

表 4-6　〖工作页四〗体育游戏创编

游戏名称		
游戏目标		
情节创设		
游戏玩法	分队或分配角色	
	游戏启动信号设计	

续表

游戏玩法	具体玩法	
	游戏规则	

一、明确游戏目的

确定体育游戏的锻炼目的是至关重要的。体育游戏的锻炼目的即所创编的游戏要练习哪些动作、发展哪方面的活动能力、增强哪方面的身体素质，这是创编体育游戏的定向阶段。一般先确定主要目的，然后根据目的设计游戏结构，结构设计完成后再进一步修订游戏目的。要根据幼儿的年龄特点、运动能力发展水平和体育教学任务，使每个游戏都有锻炼的侧重点，并力求切实、具体，同时兼顾德智体美劳全面发展的教育目的。

二、选择游戏动作

游戏动作是体育游戏中的主体结构。各年龄阶段的幼儿在身体、智力发展等方面各不相同，这就要求教师要根据体育游戏的锻炼目的和幼儿的具体情况，选择合适的游戏动作。例如，三四岁的幼儿对模仿小动物非常感兴趣，而五六岁的幼儿则更喜欢借助器材开展丰富多样的体育活动，如玩球、跳圈等活动。因此，选择游戏动作时首先要考虑符合游戏对象的身心特点，在此基础上使游戏动作具有一定的新颖性和挑战性，从而提高游戏的趣味性。此外，还可以选用适宜、有效的玩具和器械，以激发幼儿的兴趣，增强各种游戏活动的趣味性和刺激性。

三、构思游戏结构

构思游戏结构是创编体育游戏的主要环节，主要包括构思游戏情节和设计游戏的活动方式。构思设计时要从幼儿的兴趣与认知特点出发，使活动方案既能满足体育游戏的趣味性，又能起到锻炼身体的作用，同时还要考虑游戏安全和对幼儿的教育意义。

1. 构思游戏情节

体育游戏的动作性与技能性较强，要想使之更具趣味性，最好的办法就是将其融入某个情节中，或者是赋予它一个游戏的背景，即体育游戏情节的创编。不同年龄班的幼儿有着不同的身体发展水平和兴趣爱好，构思体育游戏情节时，一定要有针对性，围绕他们的兴趣点进行设计。常用的构思方法有事件提炼法、故事借鉴法、角色衍生法和器械相关法等。

（1）事件提炼法

事件提炼法即从现实生活中提炼游戏主题和素材，这就要求教师一方面要注意观察和把握幼儿兴趣热点，构思相应的游戏情节；另一方面教师要努力培养自己的职业敏感度，善于观察与发现，汲取有益的素材来构思游戏情节。

（2）故事借鉴法

故事借鉴法根据故事内容来构思游戏情节，即用拟人化的虚构手法构思游戏情节。此方法通常选择幼儿喜爱的或者耳熟能详的故事，这样可以帮助幼儿更充分地理解游戏背景，有助于幼儿迅速明确游戏内容和玩法，以便顺利开展游戏。运用故事借鉴法构思游戏情节包括直接借鉴现有的故事和创编故事两种。

（3）角色衍生法

情节和角色往往是不可分割的。角色衍生法是指根据游戏动作和活动方式的特点，选择与之相关或相似的人物作为游戏角色，从而衍生出某种游戏情节的方法。例如，设计以双脚跳动作为主的游戏，根据双脚跳动作的特点，可以考虑选用"小白兔""小青蛙""小袋鼠"作为游戏角色。如果角色选用的是"小白兔"，则可衍生出"小兔拔萝卜"的情节；如果是"小青蛙"，则可以衍生出"小青蛙捉害虫"的游戏情节；如果是"小袋鼠"，则可以衍生出"小袋鼠去赶集"的情节；等等。

（4）器械相关法

器械相关法是根据游戏所使用器械的特点来构思游戏情节的方法。体育游戏中常用的道具和器械有球、棒、绳、木块及平衡木等。利用这些器械的特点，可以设计出相关的游戏情节。例如，玩绳的活动可以构思出"穿越绳索""走钢丝"等游戏情节。

2. 设计活动方式

游戏活动方式设计既要考虑趣味性，又要满足一定的教育要求。不同的游戏内容和活动方式具有不同的作用，对同一活动内容采用不同的组织方法也可以达到不同的效果。要根据幼儿的年龄特点，确定合理的活动方式和运动量，以达到最佳的游戏效果和锻炼目的。

体育游戏的活动方式表现为各种不同性质、不同内容和不同方式的竞赛活动，幼儿体育游戏中常用的竞赛法有接力法、捕捉法和争夺法等。

（1）接力法

接力法是体育游戏中最常用的竞赛形式，有回转式、穿梭式和周围式三种主要形式。回转式，场地布置由出发线和回转线构成；穿梭式，和回转式相类似，又称迎面接力，这种形式设有两条出发线，每队分成两组，分立于两条出发线后，面相对；周围式，参赛者沿着圆形、方形、三角形或其他多边形的场地，按同一方向（顺时针或逆时针方向）进行。

接力游戏一般都采用这三种基本方式，在实际运用中，可根据人数的多少、场地的大小和游戏者的兴趣等情况，加以选择运用。

（2）捕捉法

捕捉法是一种游戏者直接对抗的竞赛活动形式，深受幼儿喜爱，常见于幼儿的自由游戏活动中。捕捉游戏对幼儿的运动技能、身体素质、观察力、思维力和创造力都能起到较好的锻炼作用，适合于4岁以上各个年龄班的幼儿。

捕捉游戏的活动方式有多种，设计时可以从不同的角度切入，主要包括以下几种。

① 从捕捉双方的关系切入设计：如追捕方和躲避方、互相追捕等形式。

② 从捕捉双方的人数切入设计：体育游戏中，有的游戏对抗双方人数相等，有的游戏则对抗双方人数悬殊，如有一两个人追多人的，也有多人追一两个人的；还有一些游戏，追捉的人数是不断变化着的，如"大渔网"游戏，被捉到的人即加入追捕的队伍，使得追捕的"渔网"越来越大。

③ 从捕捉活动的解救措施切入设计：有的捕捉游戏没有设计解救措施，捕捉完毕游戏也随之结束。而更多的捕捉游戏则为躲避者设计了一定的解救措施，解救措施的设计包括

设置安全区（线、安全物）、设置解救人和设置安全信号等。例如，"狼捉小羊"游戏会在场地上画几个圈作为小羊的"羊圈"，躲避的小羊进入"羊圈"即是安全的。

（3）争夺法

争夺法是体育游戏中常用的竞赛方法。根据争夺内容的不同，可分为两种。一种是通过各种活动争名次，分出胜负，这种游戏设计可以用时间指标比速度，看谁速度快；也可以用数量指标比达标的人数或完成某项任务的量等；另一种争夺游戏是争夺某一物品、某个区域或某块场地等。这种争夺游戏有着更强的对抗性，如"大风吹""抢椅子"游戏等，都是以争夺座位为主要形式的竞赛游戏。

四、设计游戏细节

游戏情节和活动方式等大框架构思好之后，接下来要对游戏方案中的细节进行设计。例如，游戏采用何种方法来分队（组）和分配角色，采用何种启动信号等，有些体育游戏还要编配一些合适的儿歌。进行细节设计时一定要有全局观念，不能喧宾夺主、过分追求细节的变化而破坏了游戏的主体结构。

1. 体育游戏分队和分配角色

分队和分配角色常用的方法主要有指定法、民主法、随机法、猜拳法和轮流法五种。

（1）指定法

指定法有两种形式：一种是由教师指定，一种是由游戏者中的分配人指定。

教师指定法的优点是有利于贯彻角色分配的原则而且简单省事。常用的教师指定法有三种：①直接指定法，即由教师直接确定。一般先让幼儿自己提出要求，教师根据幼儿的意愿来指定。②暗中指定法，即确定角色的过程是幼儿不能直接看到的，增加了幼儿的新鲜感和游戏的不确定性、趣味性。可以请所有幼儿闭眼或者通过游戏的方式，由教师暗中指定游戏角色的扮演者。③儿歌法，即通过创编儿歌的方式，指定某名幼儿扮演某个角色。

游戏者指定法也是分队和分配角色常使用的方法。在游戏者中选定分配人，决定分配人的方法一般有以下几种：①教师指定分配人；②幼儿推选分配人；③由上一次游戏的某个角色扮演；④由学号为当日日期数字的幼儿扮演；等等。

（2）民主法

民主法能够培养幼儿的民主精神，反映游戏者的集体意愿。如果此方法出现意见不一致的情况，教师可随机选用指定法、随机法、猜拳法进行灵活处理，并讲明问题所在，给幼儿充分认识和理解问题的时间，待后续开展游戏时再采用此法。

（3）随机法

运用随机法进行分队和分配角色能使大家都有担任主要角色的机会，这种方法虽然存在一定的偶然性，但它能够给幼儿带来期望，激发他们的兴趣。常用的随机法有报数法、抽签法和游戏法三种。报数法是分队常用的方法，游戏者按分队数报数，报数相同的为一组，此法简便省事，但各队成员组合会有一定的偶然性，适用于对抗性要求不高的游戏；抽签法既可以在分队时采用，也可以在分角色时采用。抽签的方法有很多，但最重要的是让人人都有平等的机会。

（4）猜拳法

"石头、剪子、布"也称"包、剪、锤"，古老而又经典，是大家非常熟悉的两方猜拳法；"手心、手背"则是一种多人猜拳法，此法用于分队时，出手方向相同者为一队，用于分配角色时，则是出手方向与众不同者为主要角色。

（5）轮流法

轮流法即由游戏者轮流担当主要角色。这种方法能普遍满足幼儿当主要角色的愿望，增强幼儿的责任感，培养幼儿的组织能力和协调能力。

2. 设计体育游戏启动信号

体育游戏的启动活动由发出信号人、启动信号和接收信号人三个因素构成，其中启动信号的设计最为重要。启动信号常见的设计方法有发令法、问答法、儿歌法、猜拳法和乐曲法。

（1）发令法

发令法由教师或主要角色发出启动信号。信号可以是语言、口笛、小锣等声音信号，也可以是做手势、挥动小旗、举起小玩具等动作信号。

（2）问答法

问答法一般是接收信号人提问，发出信号人回答。例如，在"老狼、老狼几点了"游戏中，幼儿不断询问老狼几点钟，老狼回答"天黑了"时，就是发出了启动信号，这种一问一答的形式也使得游戏气氛活跃起来。

（3）儿歌法

儿歌法是学前幼儿体育游戏常用的方法，大家一起念儿歌，儿歌结束就是启动信号。游戏者既是发出信号人也是接收信号人。由于儿歌一般都包含一定的教育内容，所以这种方法也具有一定的教育意义。

（4）猜拳法

猜拳法往往既包含分配角色活动又包含启动活动。双方通过猜拳确定角色，猜拳的结束也是启动的信号，如胜者跑、负者追等。除了一般的手势猜拳法，体育游戏中还有用双脚的跳跃动作代替手的"石头、剪子、布"猜拳法；用动作表示"人、枪、虎"，以"人胜枪、枪胜虎、虎胜人"的法则进行的猜拳法。

（5）乐曲法

乐曲法是一种将音乐作为一种信号来激发游戏者活动的方法。通过弹奏乐曲或者播放音乐，可以让游戏者感受到音乐的节奏和强弱对比，从而开始或改变活动内容。

五、制定游戏规则

规则是游戏顺利进行的必要保证，而规则的合理性又是游戏者遵守规则的重要前提。因此，制定游戏规则应从不同年龄班幼儿的特点出发，结合游戏中幼儿身体应达到的运动强度等因素来综合考虑。同时，还要在游戏过程中根据实际情况及时调整规则。

六、确定游戏名称

在游戏方案设计完成后，我们需要给它起一个合适的名字，即游戏名称。它应该既能够反映游戏的具体内容，又能够让幼儿容易理解和记忆。为游戏命名可以采用两种方法：

一种是根据游戏动作和活动方式的特点定名，如"圆圈接力跑""听鼓声变速走"等；第二种是以游戏情节或主题特点定名，如"老鹰捉小鸡""小兔拔萝卜""放鞭炮"等。

4.5 体育游戏的组织实施

完成本小节学习后，你需要完成〖工作页五〗、〖工作页六〗，见表 4-7、表 4-8。

以小组为单位，依据本组所制订的游戏计划，选择一名同学扮演幼儿园教师，其他同学扮演幼儿，进行情境表演并分组展示。各小组对其他小组的展示进行观察，并完成〖工作页五〗自主性体育游戏观察表和〖工作页六〗幼儿体育游戏观察评价表的填写。

表 4-7　〖工作页五〗自主性体育游戏观察表

游戏区	材料	参与人数	使用材料	持续时间	备注
投掷区					
跳跃区					
钻爬区					

表 4-8　〖工作页六〗幼儿体育游戏观察评价表

时间_____　班级_____　姓名_____　年龄_____　观察者_____

项目	表现	非常符合	一般	不太符合
游戏兴趣	主动积极地参与游戏			
	克服困难，坚持锻炼			
动作认知	知道走、跑、跳、钻、爬、攀登动作都能锻炼身体，是身体健康的重要标志			
	了解各种体育器械设备的名称及玩法			
	了解一些常见的体育活动的测试内容及规则			
动作技能	会协调地进行走、跑、跳、钻、爬等各种形式的基本动作，能完成不同类型的体育游戏和体育活动			
	能遵守游戏规则，且有一定的自我管理能力及相应的帮助能力			
	积极参与运动器械和用具的整理，能在活动结束后将物品和器械放回原处			
合作水平	在游戏中能等待			
	可以与同伴互助协商，并且能与同伴一起完成某项体育任务			

一、自主性体育游戏观察内容

通过观察幼儿游戏，我们可以更好地了解幼儿的能力和幼儿在游戏中碰到的问题。在观察中，教师应明确哪些是共有的问题，哪些是个别问题。在体现幼儿主体性的前提下，教师还应该提供及时的帮助和指导。

教师应该在适当的时机介入指导，以帮助幼儿解决问题。例如，如果幼儿不专心地四处张望，或许是因为他们并未找到合适的玩伴或者并未得到他们喜爱的玩具材料。在这种情况下，教师应该及时介入并给予帮助。此外，如果幼儿在游戏中遇到困难，教师也应该及时介入并提供帮助。

二、幼儿体育游戏观察与评价要点

观察法是幼儿体育游戏活动评价的有效方法之一。在体育游戏活动中，根据教师评价的目的，可选择不同种类的观察评价方式，主要包括随机观察评价、目标观察评价和事件取样观察评价等。

"随机观察评价"主要用来观察与评价幼儿的运动情况，包括参与运动的主动性、运动中的规则行为、运动中的安全情况和运动中的意志品质等，可以帮助教师及时了解幼儿的运动情况，并能够根据实际情况采取灵活的措施来支持幼儿的有效运动。

"目标观察评价"主要观察运动内容与目标，最终评价活动是否有效。

"事件取样观察评价"主要针对运动项目、运动技能、身体素质等方面进行取样评价。

在记录方式上可以是以文字形式呈现的叙事性观察记录，也可以是以表格形式呈现的结构化观察记录。

在户外活动中，教师应该根据幼儿的情绪和动作完成情况来决定活动量。如果没有一定的疲劳感，就无法达到锻炼身体的目的；而过度疲劳超过了幼儿身体和心理的负荷量，则会对幼儿身体造成伤害。因此，适当确定活动量，是评价运动效果的一项重要指标，教师也要观察体育游戏中幼儿的生理和心理负荷。对于记录的方式，教师可以采用结构式观察记录。

通常情况下，教师在作为主班的时间段里进行有目的、系统的观察。观察时，要求教师事先确定好观察对象，尽量采用记录表，即结构化记录的形式进行观察、记录。此外，也可以使用手机拍摄，以便更快捷地整理，从而达到更好的效果。

三、结束总结

这一环节的目的在于引导儿童自发自愿地进行交流、讨论，积极表达情感，共享快乐、共解难题、提升经验，同时激发儿童再次活动的欲望。总结的结果往往会影响儿童以后的活动，教师的总结要注意儿童创造性的发展。教师应及时评价，宣布比赛结果，充分肯定幼儿的长处，指明其存在的问题和改进意见，提出期望。对于能力不足、一时不理解游戏内容而做错的幼儿，不应批评指责，而应表扬他们正确的一面，增强其信心，游戏后再对他们加强个别辅导。

掌握好体育游戏的结束时机是十分重要的。如果结束得太早，不仅让孩子们得不到满足，而且无法达到预期的锻炼效果；而结束得太晚，则会使他们的注意力分散、逐渐失去兴趣，动作变得不规则，从而影响他们的健康。最佳的结束游戏时机应该是，幼儿虽未感到充分满足，但已有适度疲劳，或虽未产生适度疲劳，但幼儿已感到满足。

同时，对于中班和大班的幼儿来说，游戏结束后应引导幼儿对游戏材料和小型器械进行收集和整理，使幼儿养成良好的游戏和生活习惯。

4.6 游戏评价反思

一、工作过程评价

各小组对本组游戏实施全过程进行反思评价，并填写表 4-9 工作过程评价表。

表 4-9 工作过程评价表

评价内容	达成度（★）	说出你觉得不足的具体表现是什么	改进措施
基于幼儿的年龄特点和需求投放游戏材料，创设游戏环境	☆☆☆☆☆		
观察并指导各年龄班幼儿开展体育游戏	☆☆☆☆☆		
尝试撰写体育游戏计划和观察记录表	☆☆☆☆☆		
尝试创编体育游戏并根据幼儿的年龄特点组织实施体育游戏，如游戏准备、示范讲解、规则引导、活动量把握、安全引导等方面	☆☆☆☆☆		
结合观察记录表和评价标准，对幼儿体育游戏进行客观评价	☆☆☆☆☆		
当与他人合作完成游戏设计、文稿撰写、案例分析、情景模拟时，具有合作意识并能够与他人有效沟通	☆☆☆☆☆		
当与他人交流分享时，具备批判性思维能力	☆☆☆☆☆		
当进行案例分析、制订计划等环节时，具备分析、归纳和总结的能力	☆☆☆☆☆		
逐步提升健康素养，增强锻炼身体的意识	☆☆☆☆☆		
逐步树立安全和规则意识	☆☆☆☆☆		

二、工作反思

1. 请以海报的形式，图文并茂地对本单元体育游戏内容进行梳理。
2. 反思任务实施过程，思考以下问题。
（1）你依据哪些因素来制定体育游戏目标？具体是什么？
（2）你投放了哪些游戏材料，并创设了怎样的游戏环境？该环境与材料在游戏实施过程中是否合理？
（3）在游戏实施环节中，你采用了什么指导方式？具体是如何进行指导的？
3. 请对照本单元学习目标，对所学内容进行反思，根据自己的掌握程度，在表 4-10

工作反思评价表中给出具体星数，5 颗星即为满分。

表 4-10　工作反思评价表

评价内容	掌握程度★
说出体育游戏的特点和种类	☆☆☆☆☆
说出体育游戏的教育作用	☆☆☆☆☆
总结体育游戏的指导内容	☆☆☆☆☆
说出各年龄班体育游戏的特点与指导要点	☆☆☆☆☆
说出体育游戏的观察要点与评价内容	☆☆☆☆☆
根据某一主题的体育游戏，分析出其具体特点、种类和教育作用	☆☆☆☆☆
根据幼儿的年龄特点和需求投放体育游戏材料，创设体育游戏环境	☆☆☆☆☆
尝试撰写体育游戏计划和观察记录表	☆☆☆☆☆
尝试创编体育游戏并组织实施	☆☆☆☆☆
结合观察记录表和评价标准，对幼儿体育游戏进行客观评价	☆☆☆☆☆

案例分享

1. 体育游戏——《粮食护卫队》

目标

1. 使幼儿喜欢参加体育游戏，体验游戏的快乐。
2. 使幼儿掌握坐位体前屈、双脚连续跳的动作要领，知道遵守游戏规则。
3. 使幼儿能够灵活控制身体，完成坐位体前屈、双脚连续跳、绕障碍跑等动作。
4. 提升幼儿节约粮食的意识。

一、游戏材料

大小适中的空气棒、垫子、两个竹筐、障碍物、小推车、带魔术贴的高墙板等，游戏材料如图 4-1 所示。

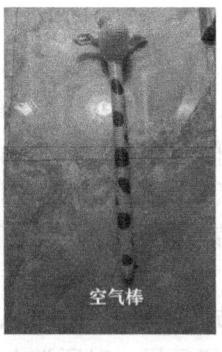

图 4-1　游戏材料

图 4-1　游戏材料（续）

二、游戏玩法

1. 情境创设：秋天到了，又到了收获粮食的季节！智慧城里举办了一场盛大的比赛，要把粮食一个不落地运到城中心的仓库里。比赛中有两大护卫队来保护粮食，看看哪个队伍在运输的过程中把粮食护送得更好更快吧！

2. 具体玩法：小朋友们分成两队，同时进行游戏，游戏一共有四关。

（1）第一关，小朋友们一起骑着空气棒，双脚同时起跳，多次进行双脚连续跳，将粮食成功运送到第一个关卡。第一组的两人互相协作，将空气棒上的粮食放入关卡一中的竹筐里。

（2）第二关，小朋友们前后对齐，顺次同方向地坐在垫子上，双腿伸直，脚跟并拢，脚尖自然分开。第一个人双臂并拢平伸，上体屈伸，膝盖不能弯曲，将筐里的粮食递给第二个人。第二个人按照同样的要求将食物护送到关卡二的竹筐中。

（3）第三关，小朋友们将关卡二的竹筐放置在小推车里，平稳地推着小推车通过 S 形障碍物，将筐里的粮食护送到关卡三。

（4）第四关，小朋友们协作，共同将关卡三竹筐中的粮食粘贴在"硕果累累"高墙板上。

（5）最先完成以上关卡的护卫队，将获得胜利。玩法演示如图 4-2 所示。

小朋友们一起骑着空气棒，双脚同时起跳　　　　　双腿伸直，脚跟并拢，脚尖自然分开

图 4-2　玩法演示

三、游戏规则

1. 第一关，幼儿骑着空气棒时只能用双脚连续跳的方式运输粮食，如果在这个过程中走或跑，则要从起点处重新开始。若空气棒上的粮食脱落，则要将其重新贴到原处，然后继续游戏。

2. 第二关，要按照动作要求手递手地进行粮食传递，若在游戏过程中出现投掷行为，则视为无效，需要重新传递。

3. 第三关，在游戏的过程中若竹筐或粮食掉落，要将其拾起，重新放入小推车，然后继续游戏。在通过 S 形障碍物时，只能绕行，不能跨越，如果违规则需要从这关重新开始。

4. 第四关，必须将竹筐中所有的粮食粘贴在"硕果累累"高墙板上，粘贴方式或排版的造型不限。

5. 温馨提示：（1）在宽阔的场地上进行游戏时，要注意游戏环境的安全性，教师要全程保护幼儿安全。（2）幼儿按照实际情况进行游戏，避免受伤。

四、体能标准

体能标准

第二个关卡，坐位体前屈标准：

	男	女
4 岁	>14.9cm	>15.9cm
5 岁	>14.4cm	>16.6cm
6 岁	>14.4cm	>16.7cm

五、游戏延伸

两名幼儿脚对脚、手拉手地坐下，传递方式需用胳膊完成。

设 计 者：毕思琪　张　蕊
指导教师：王　姿
校外导师：北郡嘉源幼儿园　于　蕾

扫描二维码，观看游戏演示视频

2. 体育游戏——《老巫婆的汤》

目标

1. 使幼儿喜欢和同伴一起游戏，感受体育音乐游戏的快乐。

2. 使幼儿能够感受音乐情境的氛围，并在游戏中提升快速反应能力和身体协调性。

3. 使幼儿养成乐观、积极的态度和不怕困难的意志品质。

一、游戏材料

精神准备：创设乐观、积极向上、团结的活动氛围。

经验准备：对巫婆的性格及行为有所了解，有快速反应类游戏的经验，有感知音乐变化的经验。

物质准备：音乐《小精灵》、音乐《老巫婆的汤》、精灵头饰、巫婆帽子和斗篷、食材。游戏材料如图 4-3 所示。

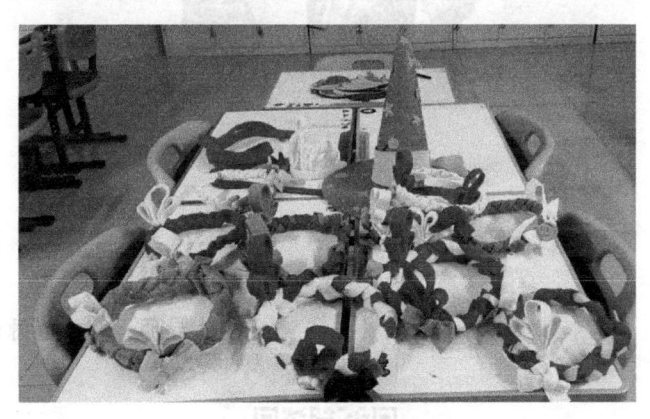

图 4-3　游戏材料

二、游戏玩法

1. 情境创设

森林城堡中住着一群可爱又能干的小精灵，它们负责守护森林中的食材，防止老巫婆偷抢食材熬奇怪的汤。听！老巫婆来了："我是最能干的巫婆，我熬的汤太美味了，能让所有小精灵都听我的，哈哈哈，今天我又要熬一锅让小精灵们听话的汤啦！"

2. 游戏玩法

（1）角色分配：选择 10 名幼儿扮演"小精灵"，1 名幼儿扮演"老巫婆"。

（2）队形：将 11 个"食材"摆放成圆圈，10 名幼儿分别踩到一个食材上，1 个食材空出。

（3）音乐响起，"老巫婆"跟随歌词进行表演，当歌词部分停止、音乐进入间奏阶段时，"老巫婆"去踩空出的 1 个食材。"小精灵"们和"老巫婆"进行对抗争夺，进行躲闪、跨跳，守护住没有被踩到的食材。玩法演示如图 4-4 所示。

三、设计意图介绍

该游戏将健康领域中的体育活动和艺术领域中的音乐游戏相结合，音乐情境能够帮助幼儿更好地感受游戏氛围，调动幼儿情绪，提高幼儿的游戏兴趣。中班幼儿活泼好动，喜欢与同伴进行快速反应类体育游戏。结合《纲要》、幼儿年龄特点及身体智能游戏衍生出体育音乐游戏活动《老巫婆的汤》，在游戏中锻炼幼儿的身体灵活性、协调性，发展幼儿的身体快速反应能力和预设准备能力。在体育活动中，培养幼儿坚强、勇敢、不怕困难的意志品质和主动、乐观、合作的态度。该游戏通过音乐律动进行热身活动，以老巫婆的汤为背景，由小精灵们守护食材开展体育游戏，帮助幼儿在游戏中树立正确的价值观，增强幼儿的责任感、使命感，同时也能够提升幼儿的抗挫折能力和思考问题的能力。

图 4-4　玩法演示

设 计 者：宋茜璘　杨雨萱
指导教师：王　姿
校外导师：北郡嘉源幼儿园　纪　文

扫描二维码，观看游戏演示视频

3. 体育游戏——《勤劳的小蜜蜂》

目标

1. 使幼儿了解果实丰收的劳动过程，如浇水、施肥、收获。
2. 使幼儿掌握网球掷远和10米往返跑的动作要领。
3. 锻炼幼儿的动手能力。
4. 培养幼儿劳动光荣的思想和意识，增强其团结协作意识。

一、游戏材料

纸箱子若干、种子若干（苹果）、水壶、肥料、一根绳子、一个小球、垫子若干、蜜蜂头饰。游戏材料如图4-5所示。

图 4-5　游戏材料

二、游戏玩法

1. 情境创设

小蜜蜂们来到农民的果园,看到农民伯伯在播种施肥,它们也想亲自体验播种的过程。下面请小蜜蜂们按照"播种""浇水""施肥""收获"的程序,体验农民伯伯种地的过程,感受劳动的快乐吧!

2. 具体游戏玩法

(1) 设立起点和终点,分为两组进行比赛(男/女)。
(2) 幼儿在起点用套圈套中果实后,拿起种子走到花盆位置。
(3) 把种子放在花盆里进行模拟播种,然后浇水和施肥。
(4) 幼儿通过爬垫子到达农场,躲避教师手中的小球,顺利拿到相应的果实。
(5) 将拿到的果实投掷到丰收箱子里,跑回起点处。
(6) 最先完成的队伍获胜。玩法演示如图 4-6 所示。

图 4-6　玩法演示

三、规则

1. 幼儿分成两组，游戏以竞赛的形式进行，最快完成的小组获胜。

2. 在比赛的过程中，幼儿需双脚站在起点，单手拿圈并扔出。如果没有套中果实，需继续套圈，直到套中。

3. 在播种环节中，需要按照播种、浇水、施肥的顺序进行游戏播种。如果没有按照这个播种顺序进行游戏，则需要重新播种。

4. 幼儿爬垫子时注意双腿双脚要紧贴垫子，如果出现走、跑等情况则需要重新爬垫子。

5. 幼儿到最后一关时，需躲避教师手中的小球，拿到地上的果实。如果没有拿到，则需继续躲避小球，直到拿到果实。

6. 幼儿将拿到的果实投到箱子后要全速跑回起点，途中不要减速。

四、体能标准

网球掷远

标准：＿＿＿＿　优秀：＿＿＿＿

	男	女
4 岁	>6.0m	>5.0m
5 岁	>9.0m	>8.5m
6 岁	>12.0m	>8.0m

10 米往返跑

标准：＿＿＿＿　优秀：＿＿＿＿

	男	女
4 岁	<6.9s	<7.2s
5 岁	<6.4s	<6.7s
6 岁	<5.8s	<6.1s

五、游戏延伸

1. 可以把爬垫子环节换成绕 S 形跑。

2. 适当增加游戏难度，可在游戏开始之前做五个开合跳。

设 计 者：李　菁
指导教师：王　姿
校外导师：北郡嘉源幼儿园　于　蕾

扫描二维码，观看游戏演示视频

4. 体育游戏——《环保小卫士》

目标

1. 使幼儿了解垃圾分类的正确方式，知道不乱扔垃圾。
2. 锻炼幼儿动作的敏捷性，使幼儿能够完成手膝爬行、走平衡木等动作技能。
3. 使幼儿养成对垃圾进行分类的良好习惯，提升其保护环境的意识。

一、游戏材料

安全的场地、小方墩、长垫子、带绳花球、平衡木、垃圾桶、垃圾图片的小球、带有北郡嘉源 logo 的帽子。游戏材料如图 4-7 所示。

| 小方墩 | 垃圾图片的小球 | 垃圾桶 |
| 安全的场地 | 带有北郡嘉源 logo 的帽子 | |

图 4-7　游戏材料

二、游戏玩法

1. 情境创设

森林王国飘来一股很臭很臭的味道，小动物们都被臭味熏倒了。原来是许多到这里旅游的人随地乱扔垃圾，导致森林王国到处都是垃圾，小动物们的家已经遭到了污染。

现在请环保小卫士们来把这些垃圾清理干净，让小动物们的家变回原来的样子吧！

2．游戏玩法

（1）设立起点处和终点处，每名幼儿都是环保小卫士。环保小卫士们从起点处开始，用手和膝盖着地向前爬，爬到小方墩处时翻过小方墩到另一个垫子上，以此类推。

（2）到达垃圾站时，环保小卫士们拿起"垃圾"，走平衡木到达垃圾回收站。然后环保小卫士们需要躲避垃圾制造者的追击，并把"垃圾"扔进正确的垃圾桶里。这样游戏就结束了，环保小卫士们拯救动物的家就成功啦！游戏玩法如图4-8所示。

图4-8　游戏玩法

三、游戏规则

1．幼儿分成两组，以竞赛的方式进行游戏。

2．第一个关卡必须翻越障碍物，以其他方式通过都视为犯规，需从起点处重新开始。

3．第二个关卡幼儿要拿垃圾球通过平衡木，若球掉或脚落地都需重新走平衡木。

4．第三个关卡幼儿需躲避带绳花球，将所拿的垃圾球放入正确的垃圾桶内，若被大球击中，则需重新走平衡木。

四、游戏标准

第二个关卡平衡木任务内容：幼儿拿垃圾球通过平衡木。

任务标准：

标准：_____ 优秀：_____

	男	女
4岁	<4.9s	<5.3s
5岁	<3.7s	<4.1s
6岁	<2.7s	<3.0s

五、游戏延伸

1. 可以调整游戏难易程度，如减少障碍物或者增加障碍物数量。

2. 可以把最后一个环节简单化，直接摆放四个类别的垃圾桶，让幼儿直接将垃圾球投放到正确的垃圾桶内。

设 计 者：杨雨萱　宋茜璘
指导教师：王　姿
校外导师：北郡嘉源幼儿园　纪　文

扫描二维码，观看游戏演示视频

学习情境 5

智力游戏组织与指导

智力游戏是一种以智力活动为基础的具有趣味性的游戏活动，属于规则游戏的一种。智力游戏把智力因素和游戏形式结合起来，使幼儿在愉快的活动氛围中认识事物、增进知识、发展智力，如猜谜语、图片配对、拼图、接龙、听歌声、猜一猜和打数学牌等。

学习目标

根据幼儿的年龄特点、兴趣需要、游戏水平、游戏特点与价值等因素，为幼儿提供相应的游戏材料并创设适宜的游戏环境，对幼儿智力游戏进行适时指导，最后完成游戏的评价与总结。

【知识目标】

- ✓ 说出智力游戏的特点、种类、教育作用。
- ✓ 列出智力游戏的指导内容。
- ✓ 总结各年龄班智力游戏的特点与指导要点。
- ✓ 说出智力游戏的观察与评价要点。

【能力目标】

- ✓ 能根据某一主题的智力游戏，分析其具体特点、所属智力游戏种类和教育作用。
- ✓ 能通过案例，分析总结智力游戏的指导要点，以及各年龄班智力游戏的特点。
- ✓ 根据幼儿的年龄特点和需求投放智力游戏材料，创设智力游戏环境。
- ✓ 观察并指导各年龄班幼儿参与智力游戏。
- ✓ 尝试撰写智力游戏计划和观察记录表。
- ✓ 结合观察记录表和评价标准，对幼儿智力游戏进行客观评价。

【情感态度价值观目标】

- ✓ 树立社会主义荣辱观，遵守社会公德，热爱幼儿园教师职业，认同并遵守幼儿园教师职业道德规范。

- ✓ 当与他人合作完成游戏设计时，有意识地与他人合作并进行有效沟通。
- ✓ 当设计智力游戏时，提升幼儿的创新意识和创新能力。
- ✓ 通过使用幼儿能理解的语言进行智力游戏规则的解读，积极关注幼儿，平等对待幼儿，具有耐心、细心、责任心，保持健康乐观的工作态度，进一步树立以幼儿为本、寓教于乐的思想。
- ✓ 在智力游戏指导过程中，渗透创新意识和规则意识。

情境导入

小班的小朋友们在区域活动结束后，将班里的玩具扔得到处都是。岳老师让小朋友们坐在一起，说："刚刚你们都在喝水的时候，我听到一个玩具在哭，你们看。"说着岳老师从身后拿出一个小玩具，小声地说："小玩具，你怎么哭了？"岳老师说完后，拿着玩具贴近耳朵听了听，说："啊——原来你找不到家了呀！"小朋友们一听，纷纷说："我来帮它找到家。"岳老师说："那你们认识玩具的家吗？"小朋友们摇摇头。洋洋指着玩具说："我来问问它吧！"岳老师拿着玩具贴近耳朵听了听，说："玩具说它有很多兄弟姐妹，在一个贴着老虎的小的绿色筐里。"许多小朋友都说："老师，我知道它在哪个筐里。""那我请安静举手的洋洋送玩具回家吧！"洋洋送完玩具回来，说："我送完了！"李老师说："岳老师，玩具们又哭了！"岳老师说："为什么呢？"小朋友们都看着李老师。李老师说："小的绿色的玩具筐也找不到家了！它需要小朋友们帮一帮它。"说完李老师拉来一个小柜子，柜子上贴满了好多黑黑的图形。乐乐指着花形黑图说："小绿筐放在这儿。""为什么呢？"岳老师问。"因为小绿筐上的小狮子是花形的，这个是它的影子！"岳老师指着蝴蝶绿筐问："那这个筐放在哪儿呢？"小朋友们都指着柜子说："放在这儿，这儿有蝴蝶的影子。"岳老师说："原来你们都认识小动物们的影子呀，那请小朋友们把这些筐放回家吧！"小朋友们纷纷把玩具筐送回家了。

中午吃完饭后，悦悦拿着七星瓢虫的图片来到媛媛的面前，说："你能找到它的影子吗？"媛媛和悦悦来到操作墙前，在一堆图片中看了看，说："我找到了！"媛媛和悦悦将七星瓢虫的图片和影子放在一起，两人一起玩起了找影子的游戏。

【情境思考】

1. 情境中的幼儿是哪个年龄阶段的？他们在玩什么游戏？
2. 你觉得本案例中的游戏对幼儿有难度吗？举例说一说。
3. 幼儿在游戏过程中哪些能力得到了提升？

5.1 智力游戏认知

完成本小节学习后，你需要完成〖工作页一〗。
通过对智力游戏基本知识的认识与学习，尝试以"拼图""找不同""大冒险家"等为主题,选择其中一个,或另外补充,进行游戏操作。根据题目要求参与游戏,分析游戏过程中哪些方面体现了智力游戏的特点、种类和教育作用,并举例说明,完成〖工作页一〗智力游戏基本知识的填写,见表5-1。

表5-1 〖工作页一〗智力游戏基本知识

主题	游戏特点	游戏种类	教育作用
拼图			
找不同			
大冒险家			

一、智力游戏的特点与价值

案例分析

拼图小讲师壮壮(中班)

区域活动时间到了,壮壮第一个来到益智区,直接拿出拼图拼了起来。不一会儿,壮壮就拼好一幅。一旁的恬恬说:"哇,好漂亮的艾莎公主啊!"北北、恬恬和熙熙都围了过来,看着壮壮手里的拼图摸来摸去。壮壮说:"你们再去找其他的拼图,我帮你们拼。"

北北拿出索菲亚公主的拼图给了壮壮,壮壮一看,发现这幅拼图没有背景图片。北北说:"壮壮,你还能拼出来吗?"壮壮说:"可以呀!先把所有拼图翻过来。这个拼图是紫色的,紫色的放在一起。"说完壮壮就把紫色的拼图放在一起。拼出索菲亚公主之后,壮壮又拿出一块又一块的拼图围着索菲亚公主拼了起来。只听见小女生激动地说:"壮壮,你真厉害!"

恬恬拿出来一幅异形拼图,说:"壮壮,你能拼出来吗?"李老师说:"哎哟,这幅拼图可不好拼。"壮壮看了一眼李老师手里的拼图,说:"这个拼图块真大。先找出来拼图的边边,把拼图边拼起来。"壮壮一边说一边拼了起来。刚拼完边框,恬恬说:"我来吧!里面让我拼吧!"壮壮扭头就走了。

收区音乐响了,小朋友们都在收拾玩具。淼淼跑过来说:"我来帮你们收玩具吧!"小朋友们把桌上的拼图都拆了,结果所有的拼图都混在了一起。北北叫来壮壮,说:"壮壮,你快来帮我们一下吧!所有的拼图都混在了一起。"壮壮从一堆拼图里拿起一块块拼图慢慢地拼了起来,并把拼好的拼图放在一个盒子里。恬恬拿来水彩笔,把每块拼图的后面都画上了三角形,又换了个其他颜色的水彩笔,把另一幅拼图后面也画上了三角形。

思一思

1. 小朋友们在益智区参与了什么游戏?这个游戏可以锻炼幼儿哪方面的能力?
2. 这类游戏有什么特点?发挥了哪些作用?

案例归纳

智力游戏的特点与价值

1. 智力游戏的特点

幼儿智力游戏具有不同于中小学阶段智力游戏的特点。

（1）趣味性：智力游戏应该具有独特的创意、生动性和活力，以吸引幼儿的注意力，提升幼儿的积极性，并保持他们对游戏的持久热情。幼儿的年龄特点决定了幼儿的注意力集中时间短，且容易转移。智力游戏通常比较安静，要求幼儿专注。如果趣味性不强，幼儿则容易疲劳，很难坚持到游戏结束。一些常见的幼儿智力游戏如图 5-1、图 5-2 所示。

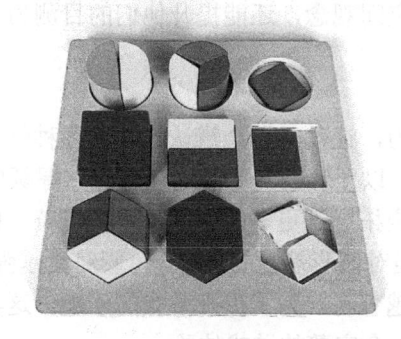

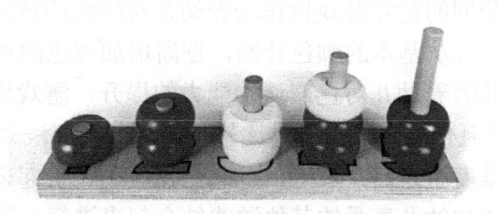

图 5-1　拼图　　　　　　　　　　图 5-2　串珠

（2）益智性：智力游戏旨在激发幼儿的智力潜能，让每个幼儿的智力都能得到发展，这是开展智力游戏的最终目标。因此，在设计智力游戏时，应该特别注重其益智性，如培养观察能力、激发想象力等。

（3）挑战性：智力游戏应该具备适当的挑战性，以激发幼儿在顺利完成各项任务时的主观积极性和学习兴趣。不同年龄阶段的幼儿应该选择适合自身难易程度的智力游戏，有时为了满足不同的需求，可以根据不同游戏对象的特点来设计不同的游戏要求和任务。这样，智力水平高、能力强于同龄人的幼儿可以玩高一层次的游戏。

2. 智力游戏的意义与价值

智力游戏对幼儿的发展至关重要，它可以激发幼儿的思考力、注意力、记忆力、逻辑思维能力和语言表达能力，并且可以培养幼儿的协作精神和诚实守信的品质。新颖、形象生动、有趣的智力游戏可以让幼儿的身心得到充分的发展，从而提高他们的智力水平。

二、智力游戏的种类

游戏体验

请将游戏材料分类，体验不同材料的作用，以小组为单位讨论并总结智力游戏的种类。

体验归纳

幼儿智力游戏的形式多样，下面主要介绍发展观察力的智力游戏、发展注意力和记忆力的智力游戏、发展想象力和创造力的智力游戏、发展思维能力的智力游戏及发展操作能力的智力游戏。

1. 发展观察力的智力游戏

发展观察力的智力游戏是通过"寻找""发现""比较"等方式开展的游戏，可以让幼儿发展观察力。这些游戏涉及多种感官锻炼，如视觉、听觉、触觉、嗅觉和味觉。通过反复活动，幼儿可以观察到事物的典型特征，并且能够更好地理解它们的目的性和计划性，从而发展观察的广度和深度。通过观察力游戏，幼儿可以更好地理解物质的特性，培养感官知觉，促进概念的形成，并培养逻辑思维能力。

（1）视觉游戏

视觉是人类获取信息的重要途径，"看一看"等智力游戏让幼儿从视觉渠道开始认识周围世界。视觉游戏不仅能够培养幼儿的色彩视觉和空间观念，还能提升他们的目测力和视觉辨别力，让他们更加敏锐地观察周围的一切。

① 分辨颜色的游戏

初期的视觉游戏旨在培养幼儿对颜色的辨别能力，让幼儿学会辨认物体的各种颜色。因此，应从基本的颜色开始，逐渐增加颜色的种类，以便让幼儿更好地理解和掌握颜色。

伴随着幼儿对色彩认知能力的提升，游戏设计应拓展到更多的中间色，如橙黄、橘红等，并且使幼儿能够通过比较不同颜色的深浅来增强对色彩差别的理解。色彩对比越强烈，游戏难度就越高；反之，色彩对比越弱，玩起来就越容易。为了提升游戏的乐趣，这类游戏应该与幼儿喜爱的其他游戏结合起来进行，形成一个完整的游戏体验。

② 分辨图形的游戏

一般可将这类游戏分为数图形、找图形、找相同、找不同和找错误五种类型。

a．数图形游戏

数图形游戏旨在帮助幼儿培养对同类图形的认知和反应能力，要求他们能够迅速准确地从给定的图形中计算指定图形的数目，而且要求他们能够有序地观察，以免漏数或重复数，数图形游戏如图 5-3 所示。

图 5-3　数图形

b．找图形游戏

在找图形游戏中，图像特征是幼儿观察和理解的重要工具，它们有助于幼儿更好地发现隐藏在图像中的信息。通常来说，图形特征越清晰，幼儿就越容易理解；而且，活动中干扰因素越少，问题就越小。当幼儿在活动中遇到困难时，教师可以给出一些指导和帮助，找图形游戏如图 5-4 所示。

图 5-4　找图形

c. 找相同游戏

在寻找相同图形的游戏中，教师应该引导幼儿仔细观察并研究图形的关键特点，以便他们能够发现图形之间的共同点，并通过反复比较来发现它们之间的差异，找相同游戏如图 5-5 所示。

图 5-5　找相同

d. 找不同游戏

找不同游戏需要幼儿从两幅图案中找出不同之处。随着图案越来越复杂，不同处也会变得越来越多，越来越隐蔽，这就使得游戏的难度也随之增加。为了更快、更准确地找到目标，教师应该指导幼儿用"逐行扫描法"依次进行对比观察，从左到右或是由上往下，依次进行对比观察，找不同游戏如图 5-6 所示。

图 5-6　找不同

e. 找错误游戏

在找错误游戏中，幼儿需要依靠他们对客观现象的正确理解来找出图像中的问题。教师应该在幼儿指出错误点后，让他们说出正确的情况，找错误游戏如图 5-7、图 5-8 所示。

图 5-7　在错误图片上打×　　　　　　　　　图 5-8　找错误

③ 分辨空间的游戏

分辨空间游戏旨在培养幼儿的观察能力，并帮助幼儿建立准确的空间概念，分辨空间游戏如图 5-9 所示。

图 5-9　分辨空间

（2）听觉游戏

听觉在人的感觉中举足轻重，良好的听觉功能是幼儿智力开发的重要条件，特别对语言能力的发展起着决定性的作用。

听觉游戏的训练任务包括两个方面，一是分辨声音特征，二是判定声源方位和声向。

① 分辨声音特征的游戏

通过辨别音频特点的游戏，可以培养幼儿辨别各类音频特性的能力，并培养他们根据事物的音频特点辨别事物的才能。例如，让孩子闭上眼睛在房间里静坐，认真聆听和辨别周围环境的各类声响，如笑声、哭声、说话声等，比较谁的声音更加清晰、响亮。这类游戏既要求幼儿充分利用自己的听觉器官，又能够让他们集中精力。在游戏过程中，教师应注意适当调整音乐的内容，以达到最佳的效果。

② 判定声源方位和声向的游戏

在游戏设置中，声源可以分为两种：第一种是静止的声源，可以与其他声音特征相结合来判定；第二种是移动的声源。

（3）触觉游戏

触觉是人类感知世界的重要方式，它可以协助我们区分事物的软硬、冷热、平滑或粗糙等性质。蒙台梭利曾经指出，"幼儿常以触觉代替视觉或听觉，即常以触觉来认识周围事物，因此更应该重视触觉"。

① 触摸辨物游戏

触摸辨物游戏可以以"摸一摸"为设计重点。该游戏旨在通过丰富幼儿的触觉经验，帮助他们更好地理解事物的大小、长短、方圆、软硬、冷热、光滑或粗糙等性质，从而提升他们辨别事物的能力。

② 触摸分类游戏

触摸分类游戏是一种基于触摸辨别物体的游戏。它要求幼儿通过触摸辨别物体之间的差异和相似之处，然后进行分类。游戏的难度取决于幼儿对物品的感知能力。

分级游戏可以分为两类：一类是基于给定的分级根据，将物品分级；另一类是没有明确的分级根据，但需要根据幼儿的年龄来选择游戏难度。前者的难度要比后者大，但也更容易让幼儿掌握。

③ 触摸造型游戏

触摸造型游戏的重点在于帮助幼儿辨认各种形状的特征，从而培养他们的图像认知能力。它对发展自闭症儿童的图形认知能力有极大的帮助。

④ 触摸动作游戏

触摸动作是盲人感受肢体姿势和活动的一种重要方式，幼儿在触摸动作游戏中可以获得一种独特的体验，而不仅仅是通过抚摸来获取信息。

（4）嗅味觉游戏

"尝一尝"和"闻一闻"这类智力游戏旨在培养幼儿的嗅觉和味觉能力。经过品尝和闻味道，可以让他们辨别物质的甜、酸、咸、苦等不同口味，并从各种物体发出的特殊气味中学习辨别物体的方法。

2. 发展注意力和记忆力的智力游戏

（1）发展注意力智力游戏

注意是人类的一种心理活动，是对一定事物的指向和集中。各种心理活动由注意开始，注意也是所有心理活动共同拥有的一种心理现象。同时，注意是智力构成的一种重要因素，能够帮助我们更好地组织和维护我们的智力。离开了注意，人们就无法正确认识世界，也无法进行有效的记忆、思维和想象等复杂的智力游戏。俄国教育家乌申斯基曾经说过："注意是学习的门户。"

通过注意力游戏，我们能够协助幼儿培养注意力的稳定性，扩展他们的关注区域，发展他们的有意注意，提升他们的注意力分配和转移的能力。在设计注意力游戏时，我们应该从多种方式出发，如看、听、想等，来协助幼儿更好地认知和理解周围的环境。

① 发展注意稳定性的游戏

稳定的注意力是非常重要的品质。在游戏中，我们可以让幼儿将较长时间的注意力集中在同一事物上，这样可以提高他们的注意力稳定性。例如，走迷宫游戏可以有效地提高幼儿视觉注意的稳定性。

② 扩大注意范围，提高注意力分配和转移能力的游戏

例如，教师可以通过短时间展示某些物品，请幼儿回忆的方式开展游戏。但需要注意，物品数量不要太多，可以让幼儿在数量上进行辨别，或在种类上进行辨别。

（2）发展记忆力智力游戏

记忆是人类对过去经历的事物的一种重新认知和再现的能力。它是智力发展的基础，是心理活动的必要条件。在幼儿时期，记忆能力是人类智力开发的主要组成部分。所以，

对幼儿开展科学有效的记忆训练是十分必需和关键的。

记忆的内容是多方面的，包括事物的形象、语言和文字、身体的操作和运动及各种情感。要培养幼儿的记忆力，必须全面发展他们对各种内容的记忆，不但要有良好的形象记忆，还要有较强的语言和情感记忆。

敏捷性、准确性和持久性是记忆力的重要指标。其中记忆的持久性，需要及时进行复习和多次实际应用方能提高，而记忆的敏捷性和准确性可以通过反复的即时记忆游戏来培养。发展记忆力的智力游戏的主要构思为对图形、数字、词汇等内容识记后，进行如寻找、发现、传话、取物等形式的再认和再现。

① 再认游戏。再认游戏指经历过的事物再度出现时仍能认识的过程，主要特征是再认的事物就在眼前。再认游戏设计思路为：减掉某个实物、改变实物的位置或顺序、对比两组实物的相同与不同之处。

② 再现游戏。再现游戏的主要特征是需要回忆的客观事物不在眼前，大脑必须有一个寻找和提取记忆信息的过程。再现游戏主要包括：根据长时记忆进行知识问答的游戏，凭即时记忆回忆所给实物、图形、词语等游戏，联结记忆游戏即配对联想和符号替代等形式的游戏。

3. 发展想象力和创造力的智力游戏

人类的大脑不仅能感知周围的环境，回忆过去的经历，还能在已有的认知基础上，构建未曾经历过的事情和形象。这种将已有的事物和形象进行加工改造，形成新的事物和形象的能力，就是想象力。它可以帮助我们更好地理解世界，并且拓展我们的思维范围。

创造性是人类智力的精华，它与想象力密不可分。想象是创造的基础，而幼儿期恰是创造性思维的萌芽时期，幼儿的思维不受任何约束，幼儿勇于大胆想象，不受客观事物的制约。因此应珍惜这一宝贵的时期，给予这种宝贵的创造性思维应有的重视、保护、鼓励和培养。

（1）再造想象游戏

再造想象游戏是一种以发展想象力为目标的游戏，它通过对现有事物的描述和对图像的重新构建，激发人们的想象力。这种游戏不仅能够培养人们的创造力，还能够检验人们对事物的认知和理解是否完整。

① 猜谜游戏

猜谜游戏是一种有趣的活动，可以培养幼儿的想象力和思维能力。谜语通常是一些富有趣味性、挑战性、知识性和文学性的短句，对幼儿来说非常有吸引力。在游戏中，幼儿需要通过猜谜的方式来思考、分析、推理和判断，从而找出隐藏在谜底的答案。

② 补缺游戏

在游戏中，将一些图形的缺陷部分隐藏起来，幼儿需要根据自己的经验和想象力，用再造的方式将它们补全，补缺游戏如图 5-10 所示。

图 5-10　补缺游戏

③ 拼图游戏

拼图游戏是一种智力性很强的结构游戏。

幼儿的感性经验对于他们的再造想象能力至关重要。感性经验越丰富，越可以帮助他们更好地理解和再造想象。此外，愈加详细地描述游戏中的图片和图样，再造想象愈容易达到，教师可以借此掌握游戏的难度。

（2）创造想象游戏

创造想象游戏是一种鼓励幼儿不断探索、独立创新，以发展创造想象为主的游戏。它要求幼儿有目的地进行联想，而不是单纯地模仿，具有很强的开放性。游戏结果没有固定的答案，而是鼓励幼儿勇于挑战、勇于创新、勇于求异。通过这类游戏，可以有效地激活幼儿思维活力，提高他们的创造力和想象力，使他们能够更加流畅、灵活地思考问题。

创造想象游戏可以从以下几方面进行设计：

第一种设计，鼓励幼儿从一个简单的图形中发散思维，尽可能多地想象各种与之相关的物体。

第二种设计，要求幼儿尽可能多地描述物品的用途，以培养功能想象。

第三种设计，关联想象，即引导幼儿运用想象将不同的事物联系起来。

第四种设计，过程想象，即要求幼儿根据故事情节，编创后续故事及结尾。

4. 发展思维能力的智力游戏

发展思维能力的智力游戏通过游戏培养幼儿的思维能力，包括概念理解、分类、比较和序列化能力，以及逻辑判断和逻辑推理能力、综合思维能力。此类游戏有助于培养幼儿思维的独立性、敏捷性、广泛性、灵活性和创造性。

（1）发展概念理解能力的游戏

概念是思维的基本形式之一，它体现了客观事物的普遍性和根本特点。对概念的理解是培养幼儿思维能力的关键，因此，我们应该重视培养幼儿对概念的理解能力。

通常来说，发展概念理解能力的问答游戏有四种设计思路（见表5-2）。

表5-2 问答游戏的设计思路

第一种	提问方说出某样东西	回答方要说出它所属种类的概念
第二种	提问方说出某一概念	回答方要尽可能多地说出它的外延
第三种	提问方说出概念的内涵	回答方要说出概念的名称
第四种	提问方说出一个概念	回答方要描述它的内涵

（2）发展分类、比较和序列化能力的游戏

① 分类和归类游戏

通过分类游戏，我们可以让幼儿学会根据物品的特征、功能、材质、声响、色彩、外形、时间、地点等来对物品加以界定和划分，从而培养他们的概括性思维和逻辑思维能力。

② 比较游戏

通过比较游戏，我们可以帮助幼儿发现事物之间的相似之处和不同之处，这需要他们具备敏锐的观察力和综合的概括能力。

③ 排列游戏

通过比较和安排，序列化观念可以帮助幼儿更好地理解和掌握物体之间的关系，并培养他们的序列化能力。为此，我们可以让幼儿玩一些可以按照大小、高矮、厚薄等特点进行排序的活动，以便让他们更好地理解和掌握这些概念。

（3）发展逻辑判断和推理能力的游戏

抽象思维的基础是逻辑判断和推理能力，而这些能力可以通过一些游戏得到加强。例如，通过观察自然界和日常生活中的现象，并使用图形、数字和文字来进行逻辑推演，可以帮助幼儿更好地理解规律，并进行简单的抽象逻辑推理。这类游戏包含了多种逻辑推演方式，如对比判断、演绎判断、计算判断和逻辑推演，以及其他各种技巧。

（4）发展综合思维能力的游戏

棋牌游戏是一种广泛适用于幼儿的智力游戏，它能够培养幼儿的综合思维能力，培养其思维的独立性、灵活性和逻辑性。经常进行这类游戏，能丰富幼儿的知识，培养幼儿的个性，发展其注意力、观察力、思维力，特别是计算能力和抽象逻辑思维能力。

教育指导应从培养他们的概念理解能力开始，引导他们从具体化的表象思想转为抽象的逻辑思想。利用各种有意思的游戏，让幼儿思索、提问，调动他们的兴趣，进而提升他们的能力。在活动中，我们应该重点引导幼儿找到解题的方法，并让他们学会思考。

5. 发展操作能力的游戏

操作能力是一种基于思维的指导而完成相应成果的能力。在幼儿时期，这种能力尤为重要，因为这个阶段的身体各项技能，特别是动作技能正处于最佳发展阶段。通过良好的教育和训练，可以帮助幼儿训练出优秀的操作技能。例如，通过火柴棒游戏、笔画游戏、图像简拼和迷宫游戏等，不仅可以培养幼儿的协调性和操作技能，还能提高幼儿的观察力、注意力、想象力、推理能力和判断力。

5.2　游戏计划制订

完成本小节学习后，你需要完成〖工作页二〗。

基于智力游戏的特点和价值，请以小组为单位，制订一个智力游戏计划，并完成〖工作页二〗智力游戏计划的填写，见表5-3。

表5-3　〖工作页二〗智力游戏计划

主题	年龄班	幼儿原有水平	目标	环境创设	投放材料	指导要点
找不同						
大冒险家						
拼图						

一、确定游戏目标

智力游戏依不同类型而呈现目的、玩法与规则、内容、难度等不同特点。在确定游戏目的时，应依据幼儿的发展特点加以调整。各年龄班幼儿智力游戏特点具体如下。

1. 小班幼儿智力游戏特点

小班幼儿的智力游戏目标重点应放在认知能力的培养上。游戏的主要任务需要易于理解和达成，以实际内容的操作为主，游戏需有趣，要更具启发性而不仅仅是知识性；游戏规则需要简单易懂，游戏方法也要较为具体，能着重培养幼儿的好奇心，激起他们掌握知识点的热情。

案例分享

区域活动时间开始了，嘟嘟在班里走来走去，没有选择任何玩具。梁老师看见了说："嘟嘟，快来看，这些娃娃找不到妈妈了，我们一起帮帮他吧！"嘟嘟点点头走向了梁老师。嘟嘟看着这些小娃娃说："我们得把它们装在一起。"梁老师说："好呀！但是怎么装呢？"嘟嘟一边分着娃娃一边说："这些娃娃的衣服都是粉色的，这些娃娃的衣服都是蓝色的。"不一会儿，小娃娃就变成了两小堆。接着嘟嘟拿起粉色小娃娃的头，又在一堆玩具中找到粉色小娃娃的身体，把它们装在了一起。但是嘟嘟并没有把装好的娃娃放下，而是拿起来看了看，说："这个花怎么没对上呢？"梁老师说："是呀！怎么办呢？"嘟嘟一边扭一边说："这回对上了！"梁老师说："嘟嘟真棒！"

接着，嘟嘟又拿起大一点的粉色娃娃头，找到了对应的粉色娃娃的身体，把它们装在了一起，把中号的粉色娃娃摆在了小号粉色娃娃的身边。嘟嘟拿着两个娃娃比了比，说："我再装一个比你们都大的。"说完嘟嘟拿起最大的粉色娃娃头和大号的粉色娃娃身体装在了一起，摆在了中号娃娃的身边，并对梁老师说："老师，你看，这个娃娃是最大的，他是爸爸。"说完指着中间的中号娃娃说："这个是妈妈。"指着旁边的小号娃娃说："这个是嘟嘟。"梁老师说："嘟嘟真棒！"

过了一会儿，梁老师拿出一张纸和一支笔，说："嘟嘟，你看，嘟嘟的爸爸妈妈在拉小火车。个子最矮的嘟嘟在前面，妈妈在后面，爸爸在最后。"接着梁老师画出了一条从高到低的斜线，说："嘟嘟，这回爸爸妈妈要怎么拉小火车呢？"嘟嘟拿起最小的娃娃放在后面，说："嘟嘟站在这儿，妈妈在这儿，爸爸在前面。"梁老师说："嘟嘟真聪明。那你再帮帮蓝色娃娃吧！"嘟嘟点了点头，开始装起蓝色娃娃。

2. 中班幼儿智力游戏特点

中班幼儿智力游戏的难度要比小班更高，游戏形式也要求多样，更加注重趣味性和对实践能力的培养。游戏任务重点需放在培养思维能力、观察力和创造性上，除了使用游戏材料，还增添了语言游戏的元素。游戏动作和规则也更加复杂，增加了竞争因素，幼儿需在顺利完成游戏任务的同时遵守规则，并在游戏中学习新知识。

案例分享

在进行区域活动时，依依拿着科学区"沉与浮"的玩具说："岳老师，我需要一些水。""可以呀！依依你去接吧，要小心一点。"依依在透明桶里接了一些水并按照表格把实物依次放进水桶里，并做了记录。

依依拿起了毛根并将其放进水桶里，毛根刚开始还在上面漂浮着。依依刚要做记录，毛根就沉下去了。依依又换了一根长一点的毛根放进水桶里。这回依依一直盯着水桶里的毛根看，毛根在水上浮了一会儿，依依看着毛根说："这回不沉下去了？"刚说完，毛根就快速地沉下去了。依依又拿来一根毛根，把毛根扭成了圆形，说："这次还会沉下去吗？"依依把圆形毛根放进水桶里，圆形毛根在水上漂了漂就沉下去了。这次下沉过程引得依依张大了嘴巴。淼淼走过来，说："我们把毛根捞上来看看吧！"依依伸手把毛根捞起来，淼淼拿过来，说："你看，毛根把水吸进去了，毛根是有吸水性的，所以就沉下去了！"

在进行区域活动分享时，依依把自己的发现分享给了其他小朋友。这时恬恬说："妈妈说，纸也有吸水性，但是纸船怎么没有沉下去呢？"北北说："船是不会沉的。"壮壮说："船里进了水也会沉下去。"淼淼说："花花用白色纸叠出来的船就沉，但是用滑滑的纸叠出来的船就不沉。"熙熙说："那用薄薄的宣纸会沉吗？"岳老师说："我也不知道，需要我们一起试一试。"

3. 大班幼儿智力游戏特点

由于大班幼儿的特点，大班幼儿智力游戏的任务和内容都较为复杂，要求幼儿在智力游戏中完成较多的活动，游戏动作难度较高，多为一些具有相互联系的、连贯的动作。游戏规则也比较严格，幼儿不仅要遵守游戏规则，而且要迅速、准确地执行游戏指令。此外，我们还能够通过改变规则提高幼儿的创造性，使其获得更多的知识。

💡 案例分享

区域活动时间到了，乔乔和多多拿出了五子棋。乔乔说："我一定能赢你！"多多说："我在家和妈妈下五子棋，妈妈都没赢过我。"乔乔执黑子，多多执白子。黑子先下，乔乔的黑子每一步都是紧挨着的，一不留神就会三子连在一起。第一局是乔乔赢了，多多说："不公平，因为是你先下所以你才赢。"乔乔说："那这次，你用黑子我用白子。"多多拿来黑子先下，乔乔紧跟着多多。不一会儿，多多说："我不下这儿了，我悔棋。"乔乔说："不行。"多多说："那我就不和你玩了。"乔乔说："那好吧！"

又过了一会儿，只听见乔乔大声说："你动棋子了，你要赖。"多多说："你又没说不能挪动棋子。"乔乔找到了李老师，李老师说："你们下棋之前做好约定了吗？"乔乔摇摇头，说："之前和岳老师下棋的时候，岳老师说下棋的时候是不能挪棋子的。"李老师说："那岳老师是在下棋之前就和你约定好了对吗？下次你要记得提前和小朋友做好约定。"乔乔没有说话，扭过了头。李老师蹲在多多面前说："多多，要是在下棋的时候乔乔也挪动棋子，你高兴吗？"多多说："不高兴。"李老师说："对呀！输了也没什么，我们可以再练一练。但是破坏了规则，失去了好朋友，那就不好了！"多多走到乔乔面前说："对不起，我们再重新玩吧！"乔乔说："那好吧！但是要约定好不能悔棋也不能动棋子了。"多多点了点头。

幼儿园的智力游戏组织是有一定程序和规律的，除了完成目标还要充分考虑幼儿的兴趣、需要、游戏主题、游戏材料等因素。在游戏计划中，目标虽然写在最前面，但并不意味着它必须是智力游戏的起点。游戏的计划、组织与实施均有较大的灵活性、变通性，不必拘泥于惯例，可以大胆创新，这样能够更好地促进幼儿的成长与进步。

二、确定物质条件

1. 合理安排时间和场地

智力游戏一般以集体活动的形式进行，需要教师准备好相应的教学区域及所需的教学材料。教师在幼儿一日活动中要合理安排游戏时间，游戏时间应根据幼儿年龄的不同而有所不同，一般小班 10~15 分钟，中班 20~25 分钟，大班 30~35 分钟。

智力游戏组织的场地比较灵活，主要有益智区、科学区或专门设置的感官游戏区、数学区等。由于智力游戏种类丰富、涉及面较广，同类游戏可以进行多种游戏结合，与其他区角进行融合。例如，感官类游戏可与科学区、数学区、阅读区、自然角、建构区、音乐区等相结合。

另外，益智区、科学区、阅读区等区域应设置在教室中较安静的地方，以保证幼儿的游戏效果。

2. 智力游戏的材料

智力游戏投放材料的目的性体现在教师要根据幼儿的年龄特点、游戏特点及玩教具的使用用途，投放难易程度不同的材料。除了提供相应的游戏材料，还可以准备一些辅助道具，同时要注重材料的多样性，这样既可以增加乐趣，又可以发展幼儿的智力和创造性。例如，在走迷宫游戏中，可设置不同路障，并用幼儿熟悉的动物、动画人物进行角色扮演等，增强游戏趣味性。

玩具的结构元件品种多，也很零碎，这就给幼儿收拾整理玩具带来了一定的困难。教师需考虑幼儿收拾玩具的便利性，应准备一些适合的分类箱，帮助幼儿学会分类整理智力游戏材料和辅助材料。

三、设计游戏玩法及规则

游戏的玩法需要根据游戏目标和游戏特点进行设计，主要是选择与游戏目标相吻合的游戏内容和动作。游戏的玩法包括如何开始游戏、游戏中间过程及游戏结束环节。游戏不同，玩法也不同，但玩法要紧密围绕游戏的目标而定，并且要具有一定的趣味性和吸引力，以引起幼儿的兴趣，调动幼儿参与的积极性。

游戏规则是游戏者在游戏中必须遵守的规定。它规定了游戏动作的方向、顺序，在游戏中被允许和被禁止的活动，参加游戏的幼儿在游戏中的相互关系。游戏规则会影响幼儿参与活动的积极性和主动性，因此，教师在拟定规则时需要注意以下事项：

第一，规则要合理，尽可能简单明了，符合幼儿的身心发展；第二，规则应明确严谨；第三，尽量不使用制约幼儿行为的纪律性规则；第四，不宜设立物质奖励。

练一练

扫描二维码，分析视频中教师用到了哪些智力游戏指导要点，完成表格的填写，见表 5-4 智力游戏的指导。

表 5-4　智力游戏的指导

智力游戏主题	指导要点

四、决策评价

以小组为单位对本组智力游戏计划进行展示分享，教师对照决策评价表（见表 5-5）查找问题，对本组的计划进行修订并决策，确定最终智力游戏计划。

表 5-5　决策评价表

评价内容	评价标准	是否合理
游戏材料的投放	数量充足；种类丰富；符合主题，幼儿的年龄特点、兴趣爱好、生活经验；方便幼儿游戏时取放	
环境的创设	墙面创设具有动态性，能根据幼儿游戏主题进行及时调整；能为幼儿游戏提供必要的示范、提示、欣赏、分享等支持，引发幼儿与之互动	
游戏目标	符合该年龄阶段幼儿的年龄特点和智力游戏水平	
游戏规则	能使幼儿容易理解，规则明确严谨，但不设立纪律性规则及物质奖励	
游戏指导要点	能够把握时机介入游戏，指导方式方法适宜，能够有效地帮助幼儿自主解决问题	

5.3　游戏组织实施

完成本小节学习后，你需要完成〖工作页三〗。

以小组为单位，依据本组所制订的游戏计划，选择一名同学扮演幼儿园教师，其他同学扮演幼儿，进行情境表演并分组展示。各小组对其他小组的表演进行观察，并完成〖工作页三〗观察记录表的填写，见表 5-6。

表5-6 〖工作页三〗观察记录表

观察名称				
观察教师			观察地点	
观察目标				
观察对象		年龄	观察时间	
观察原因				
观察实录				
观察分析				
教育措施				

一、观察内容

智力游戏作为幼儿自主操作及教师介入的指导性游戏，教师需要观察幼儿的游戏情况，了解幼儿的认知水平、结构能力、人际交往技能等，从而让自己的指导更加具有针对性。对于不同的游戏类型，教师需要观察的重点不一样。对于智力游戏来说，教师需要重点观察的内容如下：

✓ 益智区或科学区的使用频率——幼儿是否喜欢？需不需要调整？

✓ 智力游戏材料的使用情况——幼儿经常选用哪种材料？材料的数量是否充足？材料是否适合本班幼儿进行操作？

✓ 幼儿在益智区的表现——幼儿是否集中注意力？对材料和规则是否感兴趣？是否需要教师的帮助和指导？

✓ 与他人合作的情况——幼儿的社会性发展水平如何？能否和其他幼儿合作完成游戏？

二、介入方法

为保证智力游戏有效进行，教师需适时介入并有效指导。教师介入时需注意以下两方面：

第一，介入和退出游戏的时间。何时介入游戏，依赖于教师在观察理解幼儿所提供的线索和信号时的经验。例如，幼儿反复进行某种行为，幼儿遇到困难时产生抵触情绪，幼儿对游戏丧失兴趣逐渐离开等，当这些情况发生时，教师应及时介入。教师应把握好退出游戏的时间，以减少教师的建议或想法对幼儿操作主动性的影响。

第二，通过及时干预维持游戏。教师适时进行提问或评价可以鼓励幼儿去思考、解决问题，尝试其他办法或发展出新的游戏主题。

5.4 游戏评价反思

完成本小节学习后，你需要完成〖工作页四〗。

各小组依据对其他组智力游戏的观察和记录，对该组幼儿游戏进行评价，完成〖工作页四〗幼儿游戏评价表的填写，见表 5-7。

表 5-7 〖工作页四〗幼儿游戏评价表

评价内容	评价标准	评语
规则理解	1. 不清楚规则和玩法 2. 不明确规则，容易附和他人 3. 理解规则，操作不当 4. 理解规则，能按规则操作	
材料运用	1. 只拿着玩，不会运用 2. 对材料性质分辨不清 3. 有意识地按照规则进行选择，反复尝试 4. 迅速选材料，并能综合运用材料，能分辨材料特性	
情绪	1. 情绪消极 2. 情绪一般 3. 情绪良好 4. 情绪积极	
专注力	1. 注意力水平较低 2. 注意力容易分散 3. 注意力集中，偶尔分散 4. 专注，持续时间长	
社会水平	1. 独自完成 2. 联合完成 3. 合作完成	
规矩与习惯	1. 遵守游戏规则 2. 爱护玩具 3. 能收放整齐，动作迅速	
创造力	在有主题的基础上，具有一定创造性	

评价是为了更好地了解幼儿的智力游戏水平，增强智力游戏指导的科学性和针对性，发现幼儿在智力游戏过程和结果中的闪光点，改进不足，从而进一步促进幼儿智力的提高。

一、幼儿游戏评价

1. 总结

教师需在游戏中重点观察，选择发现的显性问题作为讨论话题，围绕一个中心话题或开放性问题组织幼儿进行互动讨论。在讨论中，教师应及时引导幼儿，以防讨论偏离目标。教师要适时进行提醒或提问，激发大多数幼儿的参与积极性。当讨论出现争执时，教师要及时对讨论话题进行挖掘或引导。在智力游戏中，进行总结评价可以帮助幼儿积累经验、提升技能，并通过评价激发幼儿的积极情绪，增进其游戏兴趣。

2. 教师评价

教师可以从规则理解、材料运用、主题目的性、情绪与专注力、社会性水平与规则习惯几个方面对幼儿的智力游戏水平进行评价。

在评价时，教师需要进一步明确评价目标，注重幼儿的智力发展，既要注重规则，又要注重能力，还要注重能力提升。教师在评价的过程中，要注意多用鼓励性、赞赏性的语言，要有针对性、具体地评价出幼儿的优点和不足。

小班、中大班感官游戏观察评价表如表 5-8、表 5-9 所示。

表 5-8　小班感官游戏观察评价表

幼儿园：_____　班级：_____　姓名：_____　年龄：_____　观察者：_____

游戏内容	观察指标	幼儿发展情况		
		非常满意	一般	不太符合
感官智力游戏	1. 愿意用看、听、摸、尝等方式进行感官游戏			
	2. 喜欢用感官来做小实验			
	3. 运用各种感官判断事物的大小、冷热、变化等			
	4. 能运用感官比较物体间的显著差异			

表 5-9　中大班感官游戏观察评价表

幼儿园：_____　班级：_____　姓名：_____　年龄：_____　观察者：_____

游戏内容	观察指标	幼儿发展情况		
		非常满意	一般	不太符合
感官智力游戏	1. 运用视觉、听觉、触觉和嗅觉等感官进行游戏			
	2. 主动运用感官感知事物现象，能发现事物变化的原因			
	3. 能辨别面貌、物体、形态、颜色、细节和景物			
	4. 能运用已有经验尝试解决新问题			

二、工作过程评价

各小组对本组游戏实施全过程进行反思评价，并填写表 5-10 工作过程评价表。

表 5-10 工作过程评价表

评价内容	达成度（★）	说出你觉得不足的具体表现是什么	改进措施
基于幼儿年龄特点和需求投放智力游戏材料，创设智力游戏环境	☆☆☆☆☆		
观察并指导各年龄班幼儿开展智力游戏	☆☆☆☆☆		
尝试撰写智力游戏计划和观察记录表	☆☆☆☆☆		
结合观察记录表和评价标准，对幼儿智力游戏进行客观评价	☆☆☆☆☆		
当与他人合作完成游戏设计、文稿撰写、案例分析、情景模拟时，具有合作意识并能够与他人有效沟通	☆☆☆☆☆		
当撰写游戏设计文稿时，具备文字书写能力和语言组织能力	☆☆☆☆☆		
当设计智力游戏时，具有创新意识和创新能力	☆☆☆☆☆		
通过使用幼儿能理解的语言进行智力游戏规则的解读，积极关注幼儿，平等对待幼儿，具有耐心、细心、责任心和健康乐观的工作态度，能够以幼儿为本、寓教于乐	☆☆☆☆☆		
在智力游戏指导过程中，渗透环保意识和规则意识	☆☆☆☆☆		

三、工作反思

1．请以海报的形式，图文并茂地对本单元智力游戏内容进行梳理。

2．反思任务实施过程，思考以下问题。

（1）你依据哪些因素来制定智力游戏目标？具体是什么？

（2）你投放了哪些游戏材料，并创设了怎样的游戏环境？该环境与材料在游戏实施过程中是否合理？

（3）游戏实施环节，你采用了什么指导方式？具体是如何进行指导的？

3．请对照本单元学习目标，对所学内容进行反思，根据自己的掌握程度，在表 5-11 工作反思评价表中给出具体星数，5 颗星即为满分。

表 5-11 工作反思评价表

评价内容	掌握程度★
说出智力游戏的特点和种类	☆☆☆☆☆
说出智力游戏的教育作用	☆☆☆☆☆
总结智力游戏的指导内容	☆☆☆☆☆

续表

评价内容	掌握程度★
说出各年龄班智力游戏的特点与指导要点	☆☆☆☆☆
说出智力游戏的观察要点与评价内容	☆☆☆☆☆
根据某一主题的智力游戏，分析其具体特点、种类和教育作用	☆☆☆☆☆
根据幼儿的年龄特点和需求投放智力游戏材料，创设智力游戏环境	☆☆☆☆☆
观察并指导各年龄班幼儿智力游戏	☆☆☆☆☆
尝试撰写智力游戏计划和观察记录表	☆☆☆☆☆
结合观察记录表和评价标准，对幼儿智力游戏进行客观评价	☆☆☆☆☆

学习情境 6

美术游戏组织与指导

　　幼儿园美术活动在幼儿教育中扮演着重要角色,美术教育指的是 3~6 岁的幼儿所从事的造型设计艺术文化活动和欣赏教学活动,它反映了幼儿对周围环境事物的认识、情感和体验,表达了他们的欲望和审美追求。

　　幼儿美术游戏为幼儿提供了积极尝试的机会,让他们在涂涂、画画、剪剪、贴贴、捏捏、揉揉的操作活动中体验创作的乐趣,将自己的经验、感受和体验,运用各种造型艺术形式表达出来。

学习目标

　　幼儿美术游戏的目标始终围绕着《纲要》的艺术领域总目标,是艺术教育目标的具体化。根据幼儿的年龄特点、兴趣需要、游戏水平、游戏特点与价值等因素,为幼儿提供相应的游戏材料并创设适宜的游戏环境,对幼儿美术游戏进行适时指导,最后完成游戏的评价与总结。

【知识目标】

- ✓ 说出美术游戏的结构、类型和教育作用。
- ✓ 列出美术游戏的指导内容。
- ✓ 总结各年龄班美术游戏的特点与指导要点。
- ✓ 列举美术游戏的观察要点。
- ✓ 掌握美术游戏的评价技巧。

【能力目标】

- ✓ 能根据某一主题的美术游戏,分析其具体特点、类型和教育作用。
- ✓ 能根据幼儿的年龄特点和需求投放美术游戏材料,创设美术游戏环境。
- ✓ 能根据幼儿的年龄特点制订美术游戏活动计划。
- ✓ 能模拟幼儿游戏,进行美术游戏指导。
- ✓ 能根据幼儿美术游戏的现状,选择适宜的观察点进行观察并撰写观察记录表。

✓ 能根据观察记录表对游戏进行评价。

【情感态度价值观目标】

✓ 热爱幼儿园教师岗位，具有从事幼儿教育工作的专业素养。
✓ 在进行美术材料制作和组织游戏的过程中，体会爱心、责任心、耐心和细心的工作态度。
✓ 当与他人合作完成游戏设计、文稿撰写、案例分析、情景模拟时，具有合作意识并能够与他人有效沟通。
✓ 当撰写游戏设计文稿时，具备文字书写能力和语言组织能力。
✓ 当与他人交流分享时，具备批判性思维能力。
✓ 当进行案例分析时，具备分析、归纳和总结的能力。
✓ 学会欣赏美、感受美，提升审美意识。

情境导入

小朋友尝试将萝卜、土豆、黄瓜、卷心菜等几种不同的蔬菜，切成不同的形状，然后，用颜料将不同形状的蔬菜在纸上印上各种图案，并通过想象作画，美术区如图 6-1 所示。

图 6-1　美术区

【情境思考】

1．幼儿开展的是什么游戏？
2．你认为游戏的作用是什么？
3．你认为在幼儿进行美术游戏的过程中，教师需要做哪些工作？

6.1　美术游戏认知

完成本小节学习后，你需要完成〖工作页一〗，见表 6-1。

游戏体验

通过对美术游戏基本知识的认识与学习，尝试以"乒乓滚色""纹理拓印""毛线宝宝""画五官"为主题，选择其中一个，进行情境体验，感受并分析游戏特点、教育作用在该主题下的体现，思考该情境下美术游戏由哪些内容构成，并完成〖工作页一〗美术游戏基本知识的填写，见表 6-1。

表 6-1 〖工作页一〗美术游戏基本知识

主题	游戏特点	教育作用
乒乓滚色		
纹理拓印		
毛线宝宝		
画五官		

一、幼儿园美术游戏的特点

案例分析

可爱的小鸟（大班）

目标：

1. 自主游戏，选择喜欢的材料表现各种小鸟形象。
2. 尝试将多种材料结合进行制作，大胆想象并创作。
3. 愿意和同伴合作游戏，体验美术游戏的乐趣。

准备：

胶水、双面胶、剪刀、记号笔、水彩笔、蜡笔、卡纸、彩纸、亚克力贴钻、彩色胶带、纸盘、扭扭棒、玉米粒、纽扣、毛球、纸扇等。

游戏玩法：

利用各种工具和材料制作小鸟的形象：

1. 用画笔画各种小鸟，并用材料装饰翅膀。
2. 在彩色纸杯杯壁上剪直线，剪完一圈后用手将条状杯壁向反方向压，做出花朵状，用扭扭棒制作茎叶。
3. 纸盘对半剪，制作小鸟的翅膀，并用羽毛、碎纸片、玉米粒和毛球进行装饰。

游戏建议：

1. 尽可能准备充足的、丰富的操作材料，让幼儿有更多的选择及更多的表现方式以做出满意的作品。

2. 将幼儿完成的作品贴到背景板上（见图6-2），供大家欣赏，激发幼儿继续创作的积极性。

图 6-2　幼儿美术作品展示

案例归纳

美术游戏的特点

1. 幼儿通过视知觉运用自身创造的记号体系加以表达的艺术形式

美术游戏活动是幼儿了解自己、展现自己的途径，是幼儿发表思维、宣泄情感、思考和创造自己生活的有效方式，也是幼儿表演和沟通情感的利器。在幼儿使用绘画材料画画前，他们往往就已经表现出对颜色、图形等艺术元素的偏爱，并表现出较为强烈的感情倾向性。例如，在幼儿美术创作游戏中，当幼儿准备画画时，他们往往都是在情感触发的条件下完成的，他们沉浸于自我感情中，再透过美术实践表达出来。例如，一个4岁的幼儿在画《发怒的爸爸》时，用灰色和翠绿色来代表爸爸气得铁青的脸，并在爸爸头发顶端描画出点点火红色。幼儿用这种强烈的颜色，表现出爸爸发怒时的样子。幼儿美术的特殊性能够给予幼儿抒发自我情感、宣泄自我情绪的机会。

2. 幼儿自我表现的形式

幼儿在美术教育活动过程中的研究，主要表现的不是对事物的理解的某种情感，而是非思维的情感表达方式，主要分为"幻想、想象、直觉、灵感、猜测"等。而幼儿这种情感表达形式，反映出思维的直觉性、具象符号化和情感化的特征。在幼儿绘画作品中，这种特征也体现得尤为明显。例如，当幼儿画人的五官等细部时，其作品中的嘴巴和牙齿都显得较大，这就说明，幼儿感受到他所描绘的人的主要特点就是嘴巴张得大大的，将牙露了出来，并摆出龇牙咧嘴的姿态。这是幼儿用眼睛、用耳朵、全身心"接收"到的感性世界。正是他们认识事物时具体的、生动的、有趣的、充满生命力的直觉印象，使得幼儿的美术游戏充满活力和魅力。

3. 幼儿表现个性的途径

幼儿美术游戏是对幼儿身心活动的反映，是一种自由、自主的美术活动，能够充分体现幼儿的能力发展水平和人与人之间的差异。从幼儿对线条的特征和对色彩的喜好、特殊兴趣的表现对象、活动的内容、与同伴相处的态度、活动的方法、活动的集中程度、坚持性、对材料和工具的处理、技能等方面，都可以观察幼儿的个性表现。

二、美术游戏的作用

案例分析

案例

美术区内，我们班的晶晶小朋友正在画"我的妈妈"。我看到她的画面背景全是黑色，妈妈的样子非常形象，只是背景太暗了。我问她："为什么要用这么多黑色呢？"她特别兴奋地说："老妈昨天带着我去逛夜市了！可好玩了！"我按照冬季夜景的主题给小朋友们准备了一幅冬季夜景图，然后把晶晶小朋友的画作裁剪下来贴到夜景图上。晶晶的作品是母亲带着小朋友在逛夜市，情景温馨温暖。小朋友们都在认真地欣赏着晶晶的作品，晶晶可自豪啦！

问题：
案例中的美术游戏对晶晶的哪方面起到了教育作用？

案例归纳

美术游戏的作用

1. 美术游戏能发展幼儿的观察力、想象力、创造力

美术游戏是一种视觉艺术活动。特别是在美术造型游戏中，幼儿在涂画、剪贴、捏、折之前，通过视觉观察将表现对象的空间位置、比例、结构、形态、色彩等映射在头脑中留下印记；再根据记忆进一步想象，动手表现出对象。幼儿在使用材料、想象和具体的绘画、制作过程中，可以进行思考，自由发挥想象力，大胆创作。在幼儿自己运用对物体的记忆的时候，其纯真的心灵也正在进行漫无边际的想象和淋漓酣畅的创造。美术游戏的过程其实就是创造美的世界的过程。一个人童年时丰富的想象力和创造力对他未来的成长起着非常重要的作用。21世纪的人才，对想象力、创造力的要求是较高的。

2. 美术游戏能提升幼儿双手的灵活性

幼儿在绘画、涂鸦、折纸等美术游戏的过程中，不仅用眼睛观察，还用双手去完成游戏。要使幼儿学会游戏中需要的基本知识、技能，需要培养幼儿特定的动作技能，并使这些动作尽可能准确，有特定的方法、幅度和力量，逐渐稳定而协调。例如，握笔、画线、涂抹颜色、折叠、剪贴、捏泥等，通过操作活动，对培养幼儿手指小肌群的发展、手指与手腕协调、身体的协调发展起到了重要的促进作用。

3. 通过美术游戏，使幼儿形成良好的个性心理状态及品质

人格心理素养，是指幼儿相对稳定的心理状态，是趣味、爱好、能力、气质和自我个性的综合体现，是人的基本生理素质基础在一定条件下，经过长期不断的实践活动而发展形成的。美术教育活动对幼儿人格和心理素质的形成和发展起着特殊的作用。

4. 美术游戏能激发幼儿的艺术兴趣

在幼儿美术教学中加入游戏理念，其重点是为了提升幼儿的美术兴趣，利用游戏的方式加强教师和幼儿之间的沟通，有效调动幼儿的积极性。例如，教师可以将水果游戏融入美术教学当中，教师可以带着幼儿来到果园，把水果贴发给每个幼儿，要求幼儿将水果贴粘贴到相应的水果上。采用该游戏，能够促使幼儿主动参加美术活动，并且有效提升幼儿对客观事物的认知能力，让幼儿通过游戏的方式学到更多的知识。在游戏结束以后，教师要根据活动的开展情况对活动进行总结，同时让幼儿开展美术创作，进而让幼儿产生灵感，有效地将幼儿引入美术教学当中。在这个活动当中需要注意的是，教师一定要合理制定游戏的方式及内容，选取一些适合幼儿心理的游戏来开展，活动期间要对每位幼儿加以鼓励，让幼儿在活动中体验到成就感，有效促进幼儿参加美术活动的积极性，强化幼儿的动手能力，确保其主动地加入到美术游戏活动当中。

5. 美术游戏能提升幼儿的美术色感

提高孩子的颜色认知能力是美术教学的主要目的，可以在活动中实施美术色感的激发，这是权衡幼儿美术游戏质量的重要标准。使用游戏教学的方法可以有效地加强幼儿对颜色的认识，有效提高幼儿对颜色的识别能力。例如，我们可以采用衣服裁剪游戏的方式开展游戏教学，给幼儿发放纸张及彩色笔，引导幼儿依据自己喜爱的颜色选择并搭配衣服的颜色。采用该游戏方式，可以有效地提升幼儿的想象力及创造力，有效地提高幼儿对颜色的理解能力，最终达到幼儿对美术色彩认知的目的。另外，教师在开展游戏的过程中要对幼儿喜欢的颜色进行认真分析，对每位幼儿喜欢的颜色进行记录。在日后的教学活动当中，教师要能够依照每位幼儿的颜色喜好制定有针对性的教学活动。教师还能够采用游戏教学的方法促使幼儿对周边环境颜色产生合理的认识，如带领幼儿到大自然当中，让幼儿对颜色进行仔细的观察，引导幼儿将自己观察到的物体的颜色说出来，采用此种方式引导幼儿对每种颜色的美感进行了解，启发其心智，开阔其眼界，培养其审美情趣，从而达到升华幼儿园美术活动的最终目的。

在轻松愉快的美术活动情境下，幼儿园教师能够构建良性的人际交往环境，训练幼儿的人际交往能力和技巧，使幼儿具有责任心、同理心，学会并勇于协助同伴解决问题、摆脱困境，并因同伴的进步与成功而倍感喜悦。富有自信、充满热情、坚强、好学、喜欢创造，这些优秀的品质，都是创造性人格所具备的特点。

综上所述，美术游戏能够培养幼儿对美术的浓厚兴趣，使幼儿学会基本的美术知识与技巧，对幼儿将来的发展大有裨益。

三、美术游戏的内容

1. 手工游戏

手工游戏是指幼儿通过使用各种工具和材料，在活动中制造各种形状的平面或立体的形象，以提高幼儿审美创造的能力和实践操作技能的一项活动。手工游戏的主要内容包含泥工游戏活动、纸工游戏活动和自制玩具活动。

泥工游戏，是一种用黏土（黄泥、白泥、橡皮泥、面团等）制作物品的活动。泥为原料，用手塑造各类动物、人物、物体等，为幼儿提供娱乐。泥工游戏一般分为命题泥工游戏、意愿泥工游戏和彩塑活动等。泥工游戏的可塑性极强，因此，泥工游戏对于训练和培养幼儿视觉、触觉、运动觉方面的配合，培养幼儿手部大小肌肉动作的协调性、灵巧性等方面都具有重要作用。泥工游戏的基本技巧包括团圆、搓长、压扁、捏、分泥、抻拉、嵌接等。

纸工游戏，指幼儿借助蜡光纸、彩绘纸等具有吸水性的纸张，用手或使用简单工具，按照折、撕、剪、染等制作过程，制作出各种图案和形状并设计情节的游戏。纸工游戏的基本技巧主要包括折、叠、粘、贴、撕、剪和染色。纸工游戏对幼儿手部动作的发展、视觉思维能力的培养和三维概念的形成具有重要作用。

2. 绘画游戏

绘画游戏是指幼儿运用画笔、纸张等用具，借助线条、造型、色彩、构图进行绘画表现，创造可视化的艺术形象的游戏，是提升幼儿审美表现技能的游戏之一。

6.2　游戏计划制订

完成本小节学习后，你需要完成〖工作页二〗。

通过对美术游戏指导内容的学习，小组合作、探究学习，思考教师在组织美术游戏时，需要做哪些工作，以"乒乓滚色""纹理拓印""毛线宝宝""画五官"为主题，选择其中一个，制订一个美术游戏计划，并完成〖工作页二〗美术游戏计划的填写，见表6-2。

表6-2　〖工作页二〗美术游戏计划

主题	年龄班	幼儿原有水平	目标	美术方法	环境创设	投放材料	指导要点
乒乓滚色							
纹理拓印							
毛线宝宝							
画五官							

教师要开展美术游戏，首先要制订游戏计划，主要内容包括：（1）确定游戏目标；（2）提供准备材料；（3）营造环境氛围；（4）制定美术游戏规则；（5）观察幼儿，适时给予指导。

一、确定游戏目标

幼儿美术游戏指导的目标是使幼儿能在画画中动脑筋、想办法，能够使用各种各样的玩具和材料，将感受到、想到的事物表现出来。3岁的幼儿，能够把各种各样的材料当玩具玩。4岁的幼儿，除了帮助他们逐渐培养对一些工具的控制能力，还能让他们充分体验美术游戏的独特乐趣。5岁的幼儿，能够使用各种方法绘画，并能自己动脑筋制作一些装饰和小物品，以丰富他们的美术游戏活动。6岁的幼儿，应当给他们充分的机会和材料，在空间和时间上让他们自由绘画，培养其创新精神和创造力。

各年龄班幼儿美术游戏特点具体如下。

1. 小班幼儿美术游戏特点

1～3 岁的幼儿对美术的认知能力基本在"涂鸦期"，幼儿随意绘画、撕纸、玩泥属于常态化。3.5 岁左右的幼儿的艺术教育逐步发展到"象征期"，虽然幼儿已学会对简单的图案进行涂鸦，但其受外界的影响较大。

案例分享

户外涂鸦活动开始了。露露和娜娜穿上罩衫，手拉手走进涂鸦区。露露在笔筒里拿了两支组合笔，对娜娜说："我们一人一支。"她们蹲在轮胎旁边，给轮胎喷漆。露露突然发现一个轮胎底下有一颗鹅卵石，她把鹅卵石拿出来，对娜娜说："我们给石头穿上好看的衣服吧。"娜娜说："石头有点黑，我们得给她洗个澡。"露露说："我做妈妈，你做爸爸，咱们一起为宝宝洗澡。"两人跑到红桶前，把石头放到水里，搅了搅水面。露露拿起石头说道："它现在干净了，可以穿衣服了。"说着两个小伙伴拿来彩笔和颜料给石头涂色。

2. 中班幼儿美术游戏特点

4 岁左右的幼儿开始进入"形象时期"。他们有明确的目的来表达自己的经历、情感和想象力，并且会在头脑中出现简单的形状，能够越来越深入地表达越来越多的内容。

案例分享

美术游戏时间到了，丁丁一会儿看看岳老师，一会儿又转身和其他小朋友玩耍。这个美术游戏以小鱼找好朋友为主题。岳老师拿出一幅图画展示给小朋友们，画面中两条小鱼在水中快乐地嬉戏，岳老师请小朋友们为图画中的小鱼邀请更多的海底朋友和它们一起做游戏。丁丁画了许多海底动物朋友，如小海龟、小海星、小海马等。由于丁丁在集体教学活动中没有认真听讲，他误以为是海底小动物们在玩耍，并没有画故事中的两位主角，偏离了活动的主题。于是岳老师问丁丁："今天我们讲的是什么故事呀？"丁丁说："鱼的故事。"岳老师说："是吗？可故事里的主人公两条小鱼在哪里呢？怎么只有其他海洋朋友呀？"丁丁说："因为它们是好朋友！"老师说："海洋里的动物们都是好朋友，可别忘了我们今天要画的是主人公两条小鱼和好朋友们一起玩耍的画面呀！"丁丁说："好吧，我再画两条小鱼。"

3. 大班幼儿美术游戏特点

5 岁以后，幼儿的艺术创作能力使他们逐渐认识到事物之间一些简单的关系和联系，事件和情节的表现成为幼儿美术活动的突出特征。

案例分享

今年夏天特别热！小朋友们快来帮助小动物们洗洗澡，降降温。美术区的孩子们开始忙碌起来。只见所有人都取来喷头工具对着要画的图像，接着再将所需要的颜色摆好。岳老师告诉小朋友们："我们变一个魔法吧，看看会发生怎样的神奇事情？"小朋友们都非常好奇。

于是，小朋友们挥动手中的小画笔，尝试着从喷头的底部开始对着图画刷啊刷。不一会儿工夫豆豆喊了出来，"岳老师，我在给大公鸡洗澡呢！"其他小朋友也开始变得活跃起来，赶快在自己面前通过图画的喷头底部对图画用劲地刷，不一会儿，小动物们陆续显露出来,于是大家就开始愉快地讨论要给什么小动物洗澡。看到豆豆的公鸡出现了,明明就开始担心,噘着嘴巴,一脸不开心。于是岳老师引导明明:"扶着你的喷头慢慢刷一会儿,你也会发现小动物的。"终于,明明的小鱼也出现了。最后,每个人都很高兴能帮助动物洗澡。

二、提供物质条件

在幼儿美术游戏中,幼儿尝试使用各式各样的玩具和材料,从中享受创造的乐趣,形成追求美的意识。

美术游戏材料具有多样性、趣味性、可操作性的特点。美术游戏材料包括丰富的美术用具:纸、笔、油漆棒、油漆等;黏土类用具:橡皮泥、牙签、剪刀、抹布等;其他的辅助用具:棉签、亮片、布料等;废旧物品材料:塑胶管、蛋壳、水果网、木条、泡沫板等。也可以通过加工和组装的方式实现材料的最大功用。例如,易拉罐可以加工成漏斗状或者杯子的形状,盛装小米或颗粒的器皿,或者加工成具有五官的装饰品。这种把现成的各种材料进行再加工和处理的方式,增加了各种材料的多变性和可操作性。

三、丰富美术游戏技能

幼儿美术游戏技能包括绘画、美工(折、剪、贴等)、泥工、自制玩具和鉴赏,幼儿美术游戏技能表如表 6-3 所示。

表 6-3　幼儿美术游戏技能表

美术技能		具体描述
绘画		色彩:认识红绿蓝三原色,认识每种颜色加白或加黑后的色彩变化 线条:直线、螺旋线、线描、涂颜色
泥工		团圆、搓长、压扁、捏、挖、嵌接、分泥和抻拉
美工	折纸	对边折、对角折、集中一角折、集中一边折、四角向心折、双正方折、双三角折、菱形折、反复折、卷折、组合折
	剪	目测剪、沿轮廓线剪、折叠剪
	撕	目测撕、沿轮廓线撕、折叠撕
	粘贴	几何图形粘贴、自然物粘贴

四、激发游戏兴趣

好奇是幼儿的天性,他们对周围的事物和活动有着广泛的兴趣。而单一的美术材料往往会使幼儿觉得枯燥,不能长时间保持对美术活动的兴趣。因此美术游戏要改变传统的互动方式,让幼儿体会到多姿多彩的游戏内容和材料所带来的愉悦。

1. 充分调动幼儿感官。幼儿在操作时,充分运用感知觉探索不同材料的质感,并选择不同的使用方式,让幼儿始终处于开放、自由的状态进行创造,充分发挥其主动性和创造性。

2. 科学布置游戏区。教师应依据幼儿的兴趣爱好、幼儿发展需求的不断变化，及时改变游戏的时间、内容、材料等，以适应幼儿美术发展变化的需求，巧妙运用集体和个人游戏为幼儿创设游戏条件，营造愉快的游戏氛围。

3. 采用多种创作形式。在表现形式上，教师可采取多种形式，不局限于用笔画，不采用固定的示范讲解，无论是水墨画还是手印画等，都可以作为游戏的方式。要善于引导幼儿感受大自然和生活，让幼儿勇于表现自己的想法。例如，在幼儿春游写生活动中，教师首先让幼儿对身边的景物细心观察、分析和对比，引导幼儿充分进行感官体验，如闻花香、摸树枝、抱枝干等。通过观察、探索、讨论后，引导幼儿把看见的、想到的、体会到的通过绘画、剪贴等多种形式表现出来，我们会看到幼儿的图画作品多姿多彩，基本没有雷同。

五、各年龄班美术游戏指导要点

面对各个年龄班的幼儿，教师的引导方法和重点要区别开，充分考虑各个年龄班幼儿的身心发展的特点，不同年龄班幼儿美术游戏指导方式及重点如表6-4所示。

表6-4　不同年龄班幼儿美术游戏指导方式及重点

年龄班	指导方式及重点
小班	1. 多用游戏口吻 2. 引导幼儿认识美术材料 3. 传授幼儿认识美术工具、材料的方法与技巧 4. 适当地操作示范
中班	1. 丰富幼儿生活经验 2. 尊重幼儿想法，引导鼓励幼儿充分利用工具、材料和使用各种方法 3. 鼓励幼儿独立进行美术创作 4. 组织幼儿评议美术成果
大班	1. 丰富幼儿的美术知识和生活印象 2. 培养幼儿使用各种材料进行独立绘画的能力 3. 为幼儿提供一些表现力丰富的辅助材料 4. 减少语言提示 5. 教育幼儿重视成果 6. 发展幼儿的自我评价能力和评价他人的能力

教师在完成上述各项指导任务时，还应注意以下两点。

（一）培养幼儿在美术游戏活动过程中的情感体验

绘画是幼儿展示与创作美的活动，幼儿能在美的体验中获得真正的快乐和趣味。教师引导幼儿绘画，不是培养画家，而是为了提高幼儿对绘画的兴趣，使幼儿的认知和情感在绘画游戏中得到全面健康的发展。在绘画游戏中，教师应创设愉快的绘画氛围。在幼儿创作过程中，教师不能将自己的感受和态度强加给幼儿，促进幼儿的心理健康才是活动的目的。

因此，教师在开展绘画游戏活动时应采取正确的做法。

1. 不墨守成规

在游戏过程中，幼儿看似安静，在有礼貌地游戏，但幼儿在游戏中是否获得快乐无法确定。所以教师要运用游戏的方式，安排幼儿感兴趣的内容，改变传统表现形式，这将给幼儿的创作活动带来更多乐趣。

2. 不过于强调结果

在游戏中要善于抓住教育契机，注重幼儿的过程体验，充分考虑幼儿的情感倾向。例如，教师在引导幼儿画小动物时，不仅要引导幼儿观察小动物的外部形态特征，运用线条勾画小动物的外形结构，还要进一步引导幼儿将情感融入绘画过程中，唤起幼儿的积极情感，使之成为绘画的动力。

3. 不过分干预、点评

在幼儿绘画过程中，教师不要不断纠错，或在幼儿没有完成作品的情况下参与其他幼儿的作品点评，这实际上是没有教育意义的。教师在不断纠错时，打断了幼儿的思路，游戏结束后教师对部分作品表扬的同时，也打击了部分幼儿的积极性，导致他们对绘画的热情降低，对自己的作品缺乏信心。

（二）强调幼儿创新思维的培养

在游戏过程中，教师的评价对幼儿参与活动的兴趣和情绪有很大影响，会直接影响幼儿自信心的树立和成功的体验。传统评价注重结果，强调对幼儿作品进行完整的评价，忽略了幼儿在活动中的情感的体验。从成人的角度审视幼儿创作，是无法真正理解幼儿的作品的。如果教师没有站在幼儿的角度，怀着童心去了解幼儿的作品，没有及时肯定幼儿独特的思维方式，将会扼杀幼儿的创作天性。评估幼儿作品的恰当做法如下。

1. 遵循幼儿发展规律

幼儿绘画的发展过程是涂鸦—再现—创造的过程，随着幼儿年龄的增长，创造力会逐步增强，各阶段思维呈现出不同特征。因此，应采取不同评估方法评价幼儿作品。如果教师方法使用不当，幼儿可能会逐渐丧失对绘画的兴趣，会影响其以后的正常发展。

2. 尊重幼儿个体发展差异

幼儿的绘画水平发展存在个体差异。这种差异普遍存在，有的幼儿绘画灵动，有的幼儿绘画迟钝。我们要善于发现幼儿自身的进步，及时给予幼儿正面鼓励和评价，激励他们全面发展。

3. 注重保护幼儿自信

由于幼儿年龄的局限性，幼儿在认知和思维能力发展方面具有不稳定性，在绘画过程中会出现许多非现实的形象和样式。绘画艺术作品不论优劣，教师都应站在保护幼儿的创造力、自信心的角度进行评价，既要鼓励并引导幼儿发展，又要增强他们对创作、对生活的信心。

练一练

扫描二维码，分析视频中教师用到了哪些美术游戏指导要点，完成表格的填写，美术游戏指导如表6-5所示。

表 6-5 美术游戏指导

表演主题	指导要点

六、决策评价

以小组为单位对本组美术游戏计划进行展示分享，教师对照决策评价表查找问题，对本组的计划进行修订并决策，确定最终美术游戏计划，决策评价表如表 6-6 所示。

表 6-6 决策评价表

评价内容	评价标准	是否合理
游戏材料的投放	游戏材料摆放数量充足、品种多样、符合主题；根据不同幼儿的年龄特征、兴趣、生活经历投放游戏材料；便于幼儿游戏时随时取放	
环境的创设	墙面创设具有动态性，能根据幼儿游戏主题进行及时调整	
游戏目标	符合该年龄阶段幼儿的年龄特点和美术游戏水平	
游戏指导要点	能够把握时机介入游戏，指导方式方法适宜，能够有效地帮助幼儿自主解决问题	

6.3 游戏组织实施

完成本小节学习后，你需要完成〖工作页三〗。

以小组为单位，依据本组所制订的游戏计划，选择一名同学扮演幼儿园教师，其他同学扮演幼儿，进行情境表演并分组展示。各小组对其他小组的表演进行观察，并完成〖工作页三〗观察记录表的填写，见表 6-7。

表 6-7 〖工作页三〗观察记录表

观察名称			
观察教师		观察地点	

续表

观察目标					
观察对象		年龄		观察时间	
观察原因					
观察实录					
观察分析					
教育措施					

一、观察内容

美术游戏作为幼儿乐于参与的重要游戏形式，教师很重要的工作就是要观察幼儿的游戏情况，了解幼儿的认知水平、结构能力、人际交往技能等，从而让自己的指导更加具有针对性。幼儿美术游戏能够提高幼儿的审美能力和动手能力，为幼儿创造一个新的世界，让幼儿在其中找到快乐，提高能力，开阔眼界。教师在美术游戏中的观察与指导，决定了美术区游戏活动开展的质量，因此，应该引起教师的重视。

1. 观察美术区的布局

美术区域有助于幼儿发展自己的兴趣，所以，对于美术区域的布置要特别注意，一方面美术区域布置根据目标要有别于其他游戏活动区域的布置，另一方面美术区域材料要根据幼儿的发展需要进行投放。

2. 观察幼儿的活动参与情况

教师应注意幼儿的参与情况。因此，教师要正确引导幼儿一起开展活动。教师可以通过组队活动的方式，帮助一些内向的幼儿交到朋友，让他们更加喜欢美术区。此外，教师要时刻关注幼儿能力的提高，帮助幼儿将游戏转化为学习，有效提升美术游戏的教育意义。

3. 观察幼儿的个性化发展

教师在美术游戏活动中观察的重点也包括幼儿的个性化发展，幼儿的个性化发展使其发散思维得到更好发展的同时有利于幼儿的个性化培养。因此，教师应仔细观察幼儿在游戏中的个性发展特点，并有针对性地进行教育引导，从而帮助幼儿找到自己喜爱的美术发展方向，将爱好转换为艺术能力。

二、指导方法

幼儿美术游戏的教育目标是适应幼儿身心发展的需要，培养幼儿的审美素养和创造美的意识，使幼儿能够运用自己喜爱的工具和方式表达自身的情感与感受，逐步促进幼儿人格的建立与发展。教师在幼儿进行美术游戏活动时要按照美术教育活动的内容与目标，予以正确的引导。幼儿美术游戏活动主要有命题美术游戏与自愿美术游戏两种形式。

（一）命题美术游戏

命题美术游戏，是指教师制定或提出美术游戏活动的题目与要求，幼儿根据教师的要求，完成美术活动。命题美术游戏的主要作用是帮助幼儿掌握艺术构图、色彩、造型等基本知识与技巧。

1. 恰当的命题是指导命题美术游戏的关键

命题美术游戏要想受到幼儿的欢迎，其必须符合幼儿的生活经验、爱好和兴趣，能够启发和表现幼儿美术活动中的想法，培养幼儿的审美表现。恰当的命题选择本身富有启迪性和联想性，是充分调动幼儿兴趣、主动性和创造性的因素之一。恰当的命题能够开拓幼儿的思路，启发其想象力。例如，季节命题有"春天的色彩""大树的衣服""冬天节日活动"；环境命题有"调皮的积木""哭泣的大地"；情节命题有"我为小树戴花""我为小动物建房子"；等等。这些命题都能反映幼儿的生活、兴趣、情感和想象力。

2. 引导幼儿围绕命题进行创意构思

幼儿美术作品通常呈现出幼儿大胆、夸张、想象力丰富的特点。在命题游戏活动中，教师要擅长把握幼儿的想象力和无限的创造力，指导幼儿根据主题大胆创作。教师应发挥引导者、激励者、合作者的作用，用启发式语言提问、引导，并融入其他学科的知识和事例，丰富幼儿思维，为幼儿营造轻松的心理环境。教师应引导幼儿理解所表现物体的结构及与其他物体的相互联系和空间发展关系，使幼儿逐步领会画面中各物体色彩与整体色调间的关系。例如，《美丽的春天》中有这样的描述，"你在春天里最喜爱的游戏是什么？""你去哪里玩儿了？最美的事物有哪些？什么颜色的？你眼中美丽的春天怎么画出来呢？你如何安排花、树、蓝天白云？"教师要巧妙设置情境，逐步引导幼儿自由构思和创作。

3. 调动幼儿的多种感官协同活动，提高幼儿的观察能力

美术体现的社会活动，主要以幼儿观察为基础。幼儿是很敏锐的，虽然他们的语言表达还不够流畅，但他们可以通过与周围对象的交流，结合各种感官进行审美情感体验，从而理解周围事物的情感表现，逐步提高审美体验。教师应教授幼儿观察和欣赏事物的基本方法，并引导他们运用简洁、形象的语言清晰把握物体的主要特征。

例如，在引导幼儿观察家人时，调动幼儿的视觉观察与对比分析，使其归纳出每个人都有五官，不同的人五官又存在不同。引导幼儿通过摸一摸、说一说、听一听、演一演的方法，增强幼儿对自己所研究对象的体验，并发现家人的特点，为幼儿的绘画游戏积累丰富的经验。

4. 使用范例引导幼儿正确模仿，使幼儿学会反映物体的基本方式

合理选择范例，是指导幼儿更好地学习绘画技巧的重要基础。由于幼儿的绘画技巧并不成熟，幼儿在美术活动中往往会碰到一些困难，如表现手法、色彩搭配、造型组合、结构等，都需教师进行示范。

（1）范例选择要考虑合理性

首先，范例的选择要具有幼儿学习和欣赏的实际价值；其次，范例的表现方式要符合当前阶段幼儿的发展特点；再者，范例要多样化，在形象、声音、动作方面，能够启发幼儿拓宽创作思路，有助于幼儿自主解决美术游戏中遇到的问题。在美术游戏中，模仿是必要的手段，但更要兼顾培养幼儿的美术创造力。

（2）允许幼儿不照搬范例和指导幼儿自主创作

在幼儿开展美术创作的过程中，引导幼儿在物品的形状、大小、数量和构图上大胆做出改变。例如，在画海洋鱼类时，教师可以引导幼儿在范例的基础上添加不同的纹理、色彩、造型以充实图画。幼儿在创作中不照搬范例，有助于激发和保持其对美术创作的兴趣。

示范要灵活、合理安排。一方面，教师要根据幼儿实际情况进行示范，可以是完整示范也可以是局部示范，重点在于引导幼儿解决美术游戏中遇到的难点，同时适当给幼儿留下创意空间。另一方面，示范要及时，在欣赏、交流过程中及时解决产生的问题。

示范中的解释使示范过程更加清晰，教师可以运用儿歌、诗歌、故事进行示范，使示范富有童趣，方便幼儿操作。例如，在小班画小鸭子时，教师可以边示范小鸭子的结构形态，边念儿歌，儿歌念完了，小鸭子也画出来了。

5. 帮助幼儿了解和掌握更多的绘画工具

运用各种工具和材料与幼儿进行互动，调动幼儿对美术游戏的积极性，丰富幼儿的美术表现方式，培养幼儿的创新能力。例如，教师为帮助幼儿辨认不同颜色的名称，可以通过"神秘手印"作为命题，采用印章的表现方式，为幼儿提供各种工具与材料，包括水粉、水彩、树叶、积木、纸团、布条、水果片、丝瓜瓤等，并提供旧衣服、鞋、帽等。另外，教师可以引导幼儿运用自己擅长的工具或材料进行创作，培养其美术表现能力。

（二）自愿美术游戏

自愿美术游戏是指幼儿根据自己的生活经验，运用自己掌握的美术知识和技能，自主决定美术活动的主题和内容，自由表达自己对事物的认识、情感和欲望的美术活动。自愿美术游戏的主要功能是引导幼儿充分利用美术工具和材料来表达自己的想象力和愿望。自愿美术游戏，并不意味着幼儿任意乱涂乱画。不论是自愿画画还是手工，都需要在教师引导下，幼儿产生意愿后才能进行操作。教师的指导具体如下。

（1）帮助幼儿积累图式

在日常生活、周边环境、不同领域的集体活动中，幼儿通过观察、欣赏，理解美术游戏内容的表述，在游戏中对材料和工具进行不同实践操作，有助于幼儿认识事物的外形、结构、色彩，理解事物之间的构图关系，从而积累丰富的美术图式。幼儿可以在自愿美术游戏中激发这种文化元素，并对其进行加工迁移，创作新的美术形象。例如，幼儿开展"快乐山羊游戏"或"吹泡泡游戏"时，就可以在美术区域开展自愿的绘画活动。根据累积的知识和技能及丰富的图案，幼儿逐渐开始创作，如用吸管在纸上吹泡泡，或画出绵羊在吹泡泡，或画出许多绵羊在追逐泡泡等。

（2）营造愉悦的创作环境

良好的创作氛围有利于激发幼儿的创作动机和热情，这也是幼儿愿意从事美术活动的最基本要素。教师应引导幼儿在游戏活动中自由创作，帮助幼儿轻松愉快地边玩边做，为幼儿发展提供良好的创作氛围。例如，在为兔子盖房子的游戏中，教师说："你喜欢小白兔吗？可爱的小白兔迷路了，找不到它的家。它很着急，哭了起来。我们都是建筑师。让我们为它建一所房子，让它拥有一个美丽漂亮的家，好吗？看看谁的家盖得最好看，我们就把小白兔带到他的家去住吧！"小朋友们可心疼小白兔了，马上思考起来。有的用五颜六色的橡皮泥盖了彩色房子；有的用积木盖了房子；有的用笔画出周围有很多鲜花的小楼；有的干脆在房子里面画了一只小白兔，还有一只小灰兔做它的同伴。这真是太棒了！由此可见，这是用美术游戏为幼儿发展创造了一个良好的创作环境。

（3）采用提问、讨论的形式引导幼儿完成创作

在美术游戏初期，幼儿不知所措，不知道画什么、如何画，此时教师不要着急，可以针对幼儿的兴趣、生活经历和能力发展的情况，对幼儿进行主题的表现、构图、色彩等方面的启迪和引导。而提问和讨论则是让幼儿从记忆中重新建立图式的有效方法。例如，在开展小班美术游戏"我为大树穿花衣"时，幼儿观察研究果树，通过观察还是不太清楚应该如何下笔，幼儿园教师可以与幼儿讨论交流："你看到了几棵树？树是什么形状的？"该系列提问能够帮助幼儿将零散的图像、故事连在一起，构成图画。

（4）提供多样化的工具和充足的材料

为幼儿提供印章、树叶、钱币、纸球、布球，给幼儿进行印画。玻璃球、羊毛、吸管、喷壶、牙刷、喷漆为幼儿提供了卷画、羊毛画、吹草画所需的各类材料，以满足各年龄班幼儿的创作需求，并促进幼儿对世界的认识与体验。

（5）评价幼儿作品，突出幼儿创造和情感的表达

自愿美术游戏注重培养幼儿的审美想象和审美实践创新的能力，培养幼儿保持好奇心。幼儿全情投入美术创作，体现了幼儿自身以往经验和观点的个性化组合，幼儿作品表现了幼儿的思考和创新，教师应该尽力发现幼儿游戏的成功之处，并给予幼儿鼓励。

自愿美术游戏不是教师不引导活动，而是教师在恰当的环节、结点进行启发和引导，从而提高幼儿的创作兴趣，开拓幼儿的思维，帮助幼儿积累图式经验，进一步发展幼儿的艺术个性，这是幼儿获得情感体验的必要艺术活动。自愿美术游戏像命题艺术一样，它能提高幼儿的审美素养和创新能力，促进幼儿身心健康和个性的发展。

6.4 游戏评价反思

完成本小节学习后，你需要完成〖工作页四〗。

各小组依据对其他组美术游戏的观察和记录，对该组幼儿游戏进行评价，完成〖工作页四〗幼儿游戏评价表的填写，见表6-8。

表6-8 〖工作页四〗幼儿游戏评价表

评价内容	评价维度	评语
材料使用	1. 不愿意参与美术游戏 2. 对材料有选择，但意识不强 3. 有意识地选用材料，反复尝试 4. 迅速选定材料，并能综合运用材料，且运用方式有特色	

续表

评价内容	评价维度	评语
美术形式	1. 由简单形象组成复杂形象 2. 局部有融合痕迹的形象 3. 具有完整轮廓的形象 4. 形象完整，并根据自己的意愿，有一定的表情、动作变化	
主题目的性	1. 在纸上胡乱涂鸦 2. 动笔后再构思，没有明显的主题 3. 对局部绘画主题进行创作 4. 对构思主题进行整体绘画创作	
兴趣	1. 不感兴趣 2. 对绘画活动迟疑，企图离开或观望他人 3. 喜欢遵循教师的指示进行绘画，在绘画过程中感到愉悦 4. 自主进行绘画，对绘画有极大热情	
专注力	1. 不能把作品完成，急于离开 2. 需要鼓励才能把活动完成 3. 能在同年龄幼儿一般可维持的时间内持续从事活动，中途注意力分散，但能自动回来，直到活动完成 4. 能较长时间持续从事已选定的活动，不受外界的干扰，有时甚至第二天继续完成	
规矩与习惯	1. 遵守美术规则 2. 爱护画具、材料 3. 能收放整齐，动作迅速	
创造力	在已有主题的基础上，具有一定创造性	

一、幼儿游戏评价与总结

（一）游戏评价

在幼儿美术游戏中，评价是不可或缺的一部分。在实践游戏中，美术活动的评价往往并不令人满意。评价的主体总是聚焦在少数美术表现水平较高的幼儿身上，很难做到"面向全体"。另外，评价缺乏"多元化"，教师要探索运用多元化评价手段，让评价生动活泼，满足幼儿的兴趣。评价要针对全体，让每位幼儿都能获得成长。

作为一名教师，应该始终注重唤起并保护幼儿的好奇心和创造性欲望，从幼儿发展的角度评价幼儿，并尽可能肯定幼儿的努力，鼓励幼儿的进步，促进幼儿各方面的能力和个性的发展，使幼儿真正成为主要教学活动的主体。

1. 自我评价

幼儿开展自我评价的方式，要把对幼儿作品的评价从教师转移到幼儿身上，幼儿从被评价者变为参与者，调动了幼儿学习的积极性。在幼儿进行自我评价时，教师应尊重和肯定幼儿的评价，提升幼儿对自己作品的自信心，增强幼儿对美术游戏的兴趣。大班美术游戏幼儿自我评价表如表 6-9 所示。

表 6-9　大班美术游戏幼儿自我评价表

姓名	玩得开心吗	我会玩吗

注：把表格夹在木板上，活动结束后让幼儿在相应的格子里打"✔"

2. 幼儿互评

这种评价方式可以让幼儿在彼此之间进行多种形式的评价，从而保持幼儿的学习兴趣，这种互评活动也可以解决一些比较困难的问题。例如，在大班开展《制作谢师卡》的游戏时，活动重点是设计出多种不同形状和色彩的谢师卡，在评价环节，教师可以将幼儿的作品集中展示，把幼儿分成两个小组，各小组分别展示并介绍自己的作品，并对另一个小组的作品提出评价意见。幼儿在相互的评价中，不仅能够清晰认识自己的任务，而且在发现他人的优势和不足的同时，能够理解和认识到自身作品的不足，并及时进行修改。

3. 家长评价

家长的评价对幼儿艺术素养的发展有着举足轻重的影响。然而，很多家长对评价存在误区，往往喜欢将自己的孩子与他人作比较，以打压的方式评价自己的孩子。建议家长可以结合幼儿的作品给出"构图大胆，线条流畅""想象力丰富""用色大胆鲜艳，配色巧妙"等评价，学会欣赏幼儿绘画中的童趣。

4. 教师评价

在对幼儿作品提出评价时，教师要采用多层次的评价方法。一个是整体评价，从幼儿完成预定目标的情况进行评价，从审美角度看幼儿创作提升情况；另一个是从幼儿情感和能力进行点评，激发幼儿积极主动参与艺术创作的兴趣。在此基础上，教师再结合幼儿创作的技能进行指导，让每个幼儿看到自己的进步。

在建立自我评价、幼儿互评、家长评价、教师评价的过程中，幼儿能够形成自我反思、自我教育、自我发展的良好的思维方式，增进师幼间的理解和信任，促进良好的交流沟通，形成积极、平等、公正、友爱的评价关系。评价能够帮助幼儿发现自身的发展空间，并发现自己的优势和不足，调动幼儿的学习积极性，使幼儿成为学习的主动者。

（二）结束游戏

在美术游戏活动中，幼儿良好学习习惯的养成是一个长期的、循序渐进的过程，它贯穿美术游戏活动的始终。只要我们抓住教育契机，用心引导，坚持健康教育，帮助幼儿培养整理、守时、观察、欣赏等良好社会行为习惯和生活习惯，这些好习惯就会如春雨润物，在幼儿的生命中生根发芽，使其受益终身。

1. 整理环境

教师要注重培养幼儿良好的绘画习惯，通过美术游戏对幼儿提出多层次要求，如游戏前做好准备工作，在绘画游戏中把画笔放在指定位置，不乱扔东西，自主清理画具；撕纸活动中把废纸扔在垃圾桶里，不乱丢在地上，游戏后将物品摆放回原处，桌椅摆放整齐；等等。

（1）榜样激励法。在幼儿园班级中，要树立具体生动的榜样形象，这样可以提升幼儿学习模仿的注意力和浓厚的兴趣。同伴间树立榜样，可以促进幼儿主动效仿学习，逐步形成良好的社会行为。因此，教师可带领小班幼儿参观大班，小班幼儿看到哥哥姐姐们游戏后摆放整齐的玩教具，配合教师鼓励的语言，能够激励小班幼儿向优秀榜样学习。

（2）行为比较法。游戏结束后收拾时，教师要及时对幼儿正确的行为或好的表现，投以微笑、言语肯定，发现幼儿混乱或不正确时，教师要及时提示幼儿放下手中的材料，观察他人是怎么做的，然后继续。这样，幼儿能够很好地修正自己的行为，逐步培养规范、有序的习惯。

（3）图饰标记法。游戏结束时，不同材料都需要"恢复到原来的样子"，为下次活动创设方便快捷的环境。所以，在小、中班可以选择色彩明快，形象、设计可爱的图形作为标记，如水果、几何图形、人物等，与盛放物品的容器的大小和位置相对应，使幼儿快速理解并选定目标；随着大班幼儿认知的发展和提升，可以采用字母、汉字、图形甚至设计名称的方式标记材料。

（4）音乐指令法。整理游戏材料时场面比较混乱，可以用音乐当作整理信号来收拾游戏材料。

（5）共同参与法。在游戏中，幼儿愿意接受甚至会主动成为监督员。例如，通过开展与幼儿的对话，让幼儿自主地讨论"怎样让我们的工具材料排得更整齐？"，并让幼儿用自身的思维方式（文字或图文的形式）进行设计并展示，使幼儿之间形成良好的相互监督。

2. 欣赏美术作品

在幼儿完成作业后，教师应该给他们互相展示和欣赏的机会。例如，将作品融入课堂的主题墙，让幼儿在日常生活中，能够在不经意间欣赏彼此的作品，互相学习，为幼儿间的学习、沟通提供更方便和有效的方法。放学后，幼儿可以大胆地向家长介绍自己的作品。家长看到孩子在幼儿园取得的成绩，也会对教师的工作有更多的信任和理解。某些时候，由于主题墙的版面已经满了，所以教师只布置出一部分幼儿的作品，而将其他幼儿的作品收了起来，这样做往往会打击那些作品不在墙上的幼儿及其家长的热情，所以教师在进行幼儿作品展示布局时应该注意，要合理安排、摆放幼儿作品。

二、工作过程评价

各小组对本组游戏实施全过程进行反思评价，并填写表 6-10 工作过程评价表。

表 6-10 工作过程评价表

评价内容	达成度（★）	说出你觉得不足的具体表现是什么	改进措施
基于幼儿的年龄特点和需求投放美术游戏材料，创设美术游戏环境	☆☆☆☆☆		
观察并指导各年龄班幼儿开展美术游戏	☆☆☆☆☆		
尝试撰写美术游戏计划和观察记录表	☆☆☆☆☆		
结合观察记录表和评价标准，对幼儿美术游戏进行客观评价	☆☆☆☆☆		

续表

评价内容	达成度（★）	说出你觉得不足的具体表现是什么	改进措施
当与他人合作完成游戏设计、文稿撰写、案例分析、情景模拟时，具有合作意识并能够与他人有效沟通	☆☆☆☆☆		
在进行美工材料制作和组织游戏过程中，体会爱心、责任心、耐心和细心的工作态度	☆☆☆☆☆		
当与他人交流分享时，具备批判性思维能力	☆☆☆☆☆		
当进行案例分析、制订计划等环节时，具备分析、归纳和总结的能力	☆☆☆☆☆		
学会欣赏美、感受美，提升审美意识	☆☆☆☆☆		

三、工作反思

1. 请以思维导图的形式，图文并茂地对本单元美术游戏内容进行梳理。
2. 反思任务实施过程，思考以下问题。
（1）你依据哪些因素来制定美术游戏目标？具体是什么？
（2）你投放了哪些美术材料，并创设了怎样的游戏环境？该环境与材料在游戏实施过程中是否合理？
（3）游戏实施环节，你采用了什么指导方式？具体是如何进行指导的？
3. 请对照本单元学习目标，对所学内容进行反思，根据自己掌握的程度，在表6-11工作反思评价表中给出具体星数，5颗星即为满分。

表6-11 工作反思评价表

评价内容	掌握程度★
说出美术游戏的特点和种类	☆☆☆☆☆
说出美术游戏的教育作用	☆☆☆☆☆
知道各年龄班幼儿美术游戏的特点和指导要点	☆☆☆☆☆
总结美术游戏的指导内容	☆☆☆☆☆
说出美术游戏的观察要点与评价内容	☆☆☆☆☆

学习情境 7

亲子游戏设计与指导

亲子游戏是指家庭成员，主要指父母与孩子之间，以亲子感情为基础而进行的一种活动，是亲子之间交往的重要形式。

学习目标

根据幼儿的年龄特点、兴趣需求、游戏水平、游戏特点与价值等因素，为幼儿提供相应的游戏材料并创设适宜的游戏环境，对幼儿亲子游戏进行适时指导，最后完成游戏的评价与总结。

【知识目标】

- ✓ 说出亲子游戏的特点、种类、教育作用及游戏玩法。
- ✓ 列出亲子游戏的指导内容。
- ✓ 总结各年龄班亲子游戏的特点与指导要点。
- ✓ 说出亲子游戏的观察与评价要点。

【能力目标】

- ✓ 能根据某一主题的亲子游戏，分析其具体特点、所属亲子游戏种类、教育作用。
- ✓ 能通过案例，分析总结亲子游戏指导要点，以及各年龄班亲子游戏的特点。
- ✓ 根据幼儿的年龄特点和需求投放亲子游戏材料，创设亲子游戏环境。
- ✓ 观察并指导各年龄班幼儿参与亲子游戏。
- ✓ 尝试撰写亲子游戏计划和观察记录表。
- ✓ 结合观察记录表和评价标准，对幼儿亲子游戏进行客观评价。

【情感态度价值观目标】

- ✓ 热爱幼儿园教师职业，具备幼儿园教师职业道德和素养。
- ✓ 树立以幼儿为本的幼教理念，注重保护幼儿的好奇心，培养幼儿的想象力，通过游戏设计提高幼儿的安全意识和规则意识。

- ✓ 具备良好的总结、反思能力，具备信息搜索、筛选等能力。
- ✓ 渗透家园共育理念，帮助家长逐步转变家庭教育观念，促进幼儿全面发展。

情境导入

放假期间，4岁的妞妞和妈妈在公园玩10米往返跑的游戏。即使妞妞跑得很慢，妈妈也总是故意让着妞妞，慢慢地跟在妞妞的身后，让妞妞当第一名。妞妞说："我跑得最快，谁都没有我跑得快。"

爸爸和妞妞一起比赛，爸爸没有让着妞妞。没有得到第一名的妞妞哭着说："我不玩了，爸爸真讨厌。"妈妈抱着哭泣的妞妞说："爸爸不对，爸爸真讨厌，我们不和爸爸玩了。你和妈妈一起比赛。"

【情境思考】

1. 情境中，游戏的参与者有哪些人？和前面学习单元有什么不同？
2. 幼儿在游戏过程中遇到了什么困难？
3. 如果你是该班教师，你将会面向幼儿及其家长开展哪些工作？

7.1 亲子游戏认知

完成本小节学习后，你需要完成〖工作页一〗。

通过学习亲子游戏相关的知识，尝试以"传统节日对对碰"为主题，自选材料进行游戏体验。过程中思考以下问题并完成〖工作页一〗亲子游戏的特点及教育作用的填写，见表7-1。

1. "传统节日对对碰"亲子主题游戏具有哪些特点？哪些方面体现了这些特点？
2. 亲子游戏具有什么教育作用？在"传统节日对对碰"活动中，是怎么体现出来的？

表7-1 〖工作页一〗亲子游戏的特点及教育作用

游戏内容	游戏特点	教育作用
亲子娱乐游戏		
亲子运动游戏		
亲子操作游戏		

一、亲子游戏的特点与价值

案例分析

场景一：

放假了，5岁的乐乐在家总是跳来跳去。爸爸总是大声地对乐乐说："别跳了，小心摔倒了！"没一会儿，乐乐依旧在屋里跳来跳去。妈妈便说："你这孩子，怎么一点儿都不老实。"乐乐听了后大喊："爸爸、妈妈真讨厌，我不喜欢爸爸、妈妈。"出去玩的时候，乐乐也总是脱离家长的视线跑来跑去，爸爸、妈妈只能在乐乐的身后追着跑。

场景二：

幼儿园王老师在班级群内分享了"小兔子给爷爷送食物"的亲子游戏。本次游戏主要锻炼幼儿的协调性和下肢肌肉力量，帮助幼儿巩固双脚连续跳的动作要领。王老师还将游戏所需的材料和玩法以视频的形式发送给家长。为了增加游戏的难度，教师在游戏的最后将游戏进行了延伸，如增加"大石头"之间的间距与"大石头"的数量，让幼儿尝试用单脚跳的方法进行游戏等，还将双脚连续跳的单项标准发给了家长。

乐乐每天都会和爸爸、妈妈一起到公园里进行游戏。爸爸、妈妈也会有意识地增加游戏难度并与王老师进行分享，王老师表扬了乐乐的变化。妈妈还听取了王老师的意见，制作了表格记录乐乐每天的最好成绩。一段时间后乐乐的双脚连续跳单项成绩有了明显的变化。乐乐开心地说："我最喜欢爸爸、妈妈，和爸爸、妈妈玩真有趣！"

思一思

1. 对比两个场景，乐乐在场景二中有哪些变化？
2. 在第二个场景中，乐乐、爸爸、妈妈及幼儿园教师之间是如何互动的？

案例归纳

亲子游戏的特点与价值

1. 幼儿园亲子游戏的特点

（1）指导性。幼儿亲子游戏是具有幼儿教育专业知识的教师有目的、有计划地组织家长与幼儿共同进行的游戏，具有较强的指导性。幼儿园教师掌握着专业化的幼教知识，其有针对性地组织指导，使家长在活动中获得了正确的育儿观念和育儿方法，逐步了解培养、教育孩子的重要性，反思自己的家庭教育内容及方法，从而将正确的观念和方法融入与孩子相处的每一刻。此外，要提高家长的育儿水平，使家长能理解、支持和配合幼儿园的教育，最终实现幼儿的健康和谐发展。

（2）多向互动性。幼儿亲子游戏面向全体幼儿和家长，充分发挥幼儿的主动性和家长的参与性，以促进每个幼儿获得身心的全面发展。教师、家长、幼儿都积极参与活动，体现了幼儿亲子游戏活动的多向互动性，为幼儿与家长、教师与家长、家长与家长、幼儿与幼儿之间搭起一座沟通、交流的桥梁，增进了家长之间、幼儿之间、家长与幼儿之间、家长与教师之间的全面了解与合作，使彼此的情感更加密切。

（3）共同发展性。多向互动性提升了幼儿亲子游戏的全面教育价值，使得教师、家长及幼儿均从中获益匪浅，体现了幼儿亲子游戏三位一体的共同发展性。教师通过对亲子互动的观察，能更清楚地了解幼儿的个体发展特点和个体需要，及时了解家长的育儿观、教育观及对孩子的指导方式方法，用自己的幼儿教育专业知识影响家长，使家长对幼儿园教育及幼儿教育的目标、内容、方式方法有更准确的把握，促进家长的幼儿教育理念的提升及方法的更新。家长也以所获得的有针对性的育儿经验影响着教师，使教师更全面地了解幼儿，及时调整自己的教育理念与方法，更好地做到因材施教。教师与家长积极互动、合作，缩短了教师与家长的距离，增进了教师与家长的关系，实现了深度家园共育。

在亲子游戏中，家长能更直接地了解自己孩子的情况，正确评价孩子的发展水平，从而了解适合自己孩子的阶段性发展目标，做好家庭教育。同时，幼儿亲子游戏为家长之间相互学习提供了平台，使家长之间有机会交流成功的教育经验，共同探讨"育儿经"。

家长的到来，可以满足幼儿依恋父母的情感需要，增进亲子间的感情交流及合作，让幼儿感受到幼儿园如家庭般温暖，增强幼儿的安全感和大胆探索的勇气。教师与家长的共同关注，让幼儿产生了较强的成就动机，教师、家长、同伴之间的积极互动及自身的主动参与，使幼儿身心获得最大程度的发展。

2. 亲子游戏的价值

（1）满足幼儿的安全需要、社交需要

亲子游戏以亲子情感联系为基础。在游戏中，亲子之间围绕着共同的游戏主题，通过表情、动作、语言等符号进行交流。这种交流一方面增加了亲子双方互动频率，缩短了交往双方的心理距离，强化了相互影响的效果；另一方面大大降低了交往双方的情绪紧张程度，尤其是能降低幼儿一方的紧张程度，使幼儿在父母面前不受拘束，放松心情。亲子游戏传递给幼儿的基本信息是爱与珍视，幼儿通过这种游戏形成并发展与父母之间的信任与依恋关系，进而产生对父母和家庭的安全感与归属感。

亲子游戏有助于形成亲子间的安全依恋。亲子游戏中形成的良好亲子依恋是一种积极的感情联系，有助于提升幼儿的安全感。安全依恋与游戏中获得的快乐体验，可以帮助幼儿在陌生的环境中克服焦虑或恐惧，增加幼儿主动探索新鲜事物、与陌生人接近的可能性，扩大幼儿的视野，使幼儿的认知能力得到快速发展。安全依恋还有助于幼儿人际交往兴趣的形成与发展，使幼儿养成活泼开朗的性格。

（2）满足幼儿尊重的需要

成人与幼儿以平等的玩伴关系共同参与游戏，在游戏中，双方共同遵守游戏规则，共同协商意见，双方保持一种彼此平等、互相尊重的关系；同时，成人通过言语、表情和行为等多种方式向幼儿传达赞许与认可，在无形中满足了幼儿自我尊重和尊重他人的需要。

（3）满足幼儿自我实现的需要

在与成人的共同游戏中，幼儿可以获得影响与控制环境的能力，当他们通过自己的行动对物体或成人产生影响时，会感到自己是有能力的人，可以获得成功的喜悦并体验到克服困难、达到目的的成就感。幼儿的这种成就感和自主感，可以有效地满足其自我实现的需要。

二、亲子游戏的种类

（1）亲子娱乐游戏。亲子娱乐游戏是亲子游戏的主要类型，也是最受孩子喜爱并且贴近幼儿社会生活的一种活动形式，包括亲子语言游戏、亲子休闲游戏、亲子活力游戏。它不仅是一种快乐、活泼、自然和极富创造性的休闲活动，而且是幼儿体验学习的一个主要途径。亲子娱乐游戏虽然有时漫无目的，甚至有些简单，但它却是培养幼儿认知、情感和社会能力的主要方法。例如，在"滑滑梯"游戏中，成人坐在椅子上，幼儿背坐在成人大腿上，成人一边打着节奏，一边自编儿歌，让幼儿快速从大腿滑到脚面。

（2）亲子操作游戏。一般把以操作学习为主要方式的游戏称为操作游戏，如手指游戏、搭建游戏等。操作学习符合幼儿好动的天性，操作活动（感官操作、实物操作、表征操作）是幼儿学习的重要途径之一，能够充分地调动幼儿的主动性、积极性与创造性。

（3）亲子运动游戏。运动游戏分为大肌肉运动游戏和小肌肉运动游戏，包括亲子爬行游戏、走跑跳亲子游戏、沙包球类游戏、感统训练游戏、综合训练游戏。例如，在"钻山洞"游戏中，爸爸妈妈面对面跪坐，双臂搭成"山洞"，在"山洞"的一侧放上幼儿喜欢的玩具，让幼儿从另一侧爬行，钻过"山洞"获得玩具。当幼儿顺利完成任务时，家长应该及时给予表扬。

7.2 游戏计划制订

完成本小节学习后，你需要完成〖工作页二〗。

通过对亲子游戏指导内容的学习，小组合作、探究学习，思考教师在组织亲子游戏时需要做哪些工作，以"拼图游戏"为主题，制订一个亲子游戏活动方案，并完成〖工作页二〗亲子游戏实施方案的填写，见表 7-2。

表 7-2　〖工作页二〗亲子游戏实施方案

组号		幼儿年龄班		游戏类型		游戏名称	
幼儿情况分析	幼儿年龄特点	
游戏分析	游戏特点	
	游戏价值	
游戏目标	情感态度	
	知识技能	
	习惯养成	

续表

游戏玩法	
游戏规则	
游戏延伸	

一、确定活动目标

1. 小班亲子游戏的指导要点

案例分析

小班案例：

3岁的小米是一个小女孩，是家里的老二。最近小米需要打预防针了，妈妈为了减轻小米的焦虑，为小米买了一套仿真医用玩具。拿到玩具的小米戴着听诊器给家里的小猪玩偶看病，一边看一边说："小猪小猪，你太能吃了！我给你打一针你就好了。"说着就在小猪的小腿上打了一针，边打边说："小猪小猪不哭呦——你要勇敢！打针一点都不疼。你最勇敢了！"不一会儿，小米就把玩具弄得到处都是，爸爸穿着一件白色的大衣，戴着听诊器说："小米医生，一会儿要来很多病人。我们现在把东西收拾一下吧！"小米说："好的，爸爸医生！"小米拿来一个纸箱子，一边收玩具一边说："我们把这些玩具放在箱子里吧，放在中间。"爸爸说："病人坐在哪儿呢？"小米拿来小椅子，说："让病人坐在这儿吧！"不一会儿，垫子上的玩具就都收拾好了！过了一会儿，妈妈走来："当当当，我找小米医生来打针了，谁是小米医生呀？""我是我是，我来给你打针。""打针疼吗？""打针一点儿都不疼，一会儿就没事了，你就不会生病了！""可我还有一点咳嗽怎么办？""那你吃点药吧！"说着小米就把自己吃过的咳嗽药拿出来给了妈妈，还告诉妈妈要按时吃药。最后小米拿出手机，说："扫码支付吧！"

案例归纳

小班幼儿的游戏很大程度上受周围事物的直接支配，如玩具、材料等。例如，当幼儿拿起橡皮管（听诊器）的时候，就会说"我是大夫"。只有在听诊器这个游戏材料的直接刺激下，幼儿才会体会到"医生"的活动，如果没有听诊器，那么幼儿常常不能扮演"医生角色"。由此可见游戏材料对小班幼儿的重要性。所以，为了帮助小班幼儿理解游戏内容，引导幼儿顺利开展游戏，在游戏材料的设计和制作上要尽量做到精细和形象。另外，由于小班幼儿的抽象逻辑思维发展水平较低，要求在游戏设计中，游戏规则要简单，语言描述要口语化。当进行亲子游戏时，家长或教师要先进行示范，在游戏过程中，要不断通过多种方式提醒幼儿遵守规则，如教师可以扮演某个角色，以平行介入的方式来提示幼儿遵守规则和秩序，以帮助小班幼儿顺利完成游戏。

2. 中班亲子游戏的指导要点

案例分析

4岁的淼淼和妈妈在家玩"说反话"的游戏。当妈妈说"小西瓜"并做出小西瓜的手势时，淼淼需要说"大西瓜"并做出大西瓜的手势。相反地，要是妈妈说"大西瓜"，淼淼则需要说"小西瓜"。

游戏开始了，淼淼看着妈妈。妈妈说："大西瓜。"淼淼说："小西瓜。"妈妈说："小西瓜。"淼淼说："大西瓜。"妈妈还说："小西瓜。"淼淼说："大西瓜。"一连三局淼淼都做对了。妈妈伸出大拇指，说："淼淼真棒！连着说对了三次！"淼淼笑着说："妈妈，你再来。"妈妈说："这回我要加快速度了，淼淼可要注意了！"淼淼看着妈妈说："好！"妈妈说："小西瓜。"淼淼说："大西瓜。"妈妈快速地说："大西瓜。"淼淼快速地说："大西瓜。"妈妈笑着对淼淼说："你看，说错了吧！"淼淼手叉腰，斜着眼对妈妈说："哼！你不要再说了，我不和你玩了！"

案例归纳

中班幼儿与小班幼儿相比较，言语能力、思维能力、想象力都有了很大程度的提高，他们对于规则的理解更加深刻，在游戏中更加主动，也能比较平等地与成人合作，而且不再依赖游戏材料引发游戏兴趣了。例如，对于小班幼儿，我们设计了"摘果子游戏"，那么游戏材料一定是仿真水果，或者教师制作的水果卡片才可以；而中班幼儿则不需要，只要有一个物体，他们就可以把它想象成水果。此外，中班幼儿参与亲子游戏的意愿更加强烈，能够较长时间地记住游戏规则并自觉遵守，在亲子游戏中的主动性逐渐凸显。但是，此时幼儿的是非观念仍很模糊，只知道受表扬是好事，受指责是坏事，喜欢受表扬，听到批评会不高兴或感到很难为情。所以，教师和家长对游戏中出现的问题要给予及时、恰当的评价，帮助幼儿形成正确的是非观。

3. 大班亲子游戏的指导要点

案例分析

上了大班的多多想和爸爸玩幼儿园的"袋鼠跳"游戏，多多看向爸爸，说："爸爸，我来教你玩袋鼠跳的游戏吧！"爸爸点点头。多多找来两个大购物袋，摆好两组拖鞋，还认真地数了数每组拖鞋的数量，之后边站进袋子里边说："这里是起点，我们站在袋子里，手拉住提手，像袋鼠一样向前跳。但是前方有很多障碍，我们要小心地绕过，不能偷懒直接跳过去。跳到沙发那里就算胜利！""还有，由我来说开始才能跳。明白了吗？"爸爸点点头，钻进大袋子里弯着腰，半蹲着才能拉起提手。多多看见爸爸拉好了提手，说："开始！"爸爸还没反应过来，多多就已经出发了，爸爸只能快速地向前跳。这一次是多多先摸到沙发。爸爸说："我还反应过来呢！不能由你喊口令。"多多说："那让妈妈喊口令吧！"爸爸和多多又一次来到了起点。妈妈说："你们准备好了吗？1、2、3开始！"爸爸和多多快速向前跳并绕过障碍。这一次爸爸又输了。爸爸说："怎么我又输了？"多多说："爸爸，我告诉你哦，你在跳的时候要用力拉住提手，这样袋子就不会松松垮垮的。你在跳的时候不能分神，要不会摔倒的。你要认真快速地跳，不能停顿，要不我就超过你了!"爸爸说:"多多越来越棒了!"

✓ 案例归纳

5岁以后,幼儿的个性特征有了较明显的表现,其中最突出的是幼儿自我意识的发展。这一时期幼儿自我意识的发展主要体现在自我评价的能力上。他们逐渐明白公平的原则,知道需要服从集体约定的规则。他们在亲子游戏中能够与家长合作,能够做出相应分析,找寻游戏技巧。他们在亲子游戏中逐渐发挥主力作用,能遵守游戏规则,看重比赛的公平性和游戏输赢,竞争意识逐渐明显。

二、游戏准备

(1)经验准备:活动方案的制订以对幼儿充分、准确的了解为基础,因此要求教师进行认真的观察,包括对幼儿发展现状的观察(了解幼儿的兴趣和需要、了解幼儿的认知和社会性水平、了解幼儿的个性特点和能力差异)。

(2)材料准备:对游戏材料和游戏场地的观察、对亲子关系的观察,目的是让教师在充分了解幼儿游戏发展水平的基础上,为幼儿和家长准备适合的、符合其发展需要的、能促进亲子关系并加强合作能力的亲子游戏,做好游戏前的准备工作。

三、确定游戏规则

1. 亲子游戏规则的制定要充分考虑幼儿的年龄特点,同时,还要考虑环境因素及家长自身的因素,包括家长的年龄、性别、学历水平及游戏性等因素。总体来说,亲子游戏的规则包括以下三种。

(1)角色行为规则:在游戏中为不同角色的游戏行为制定的规则;

(2)内容与玩法规则:为保证游戏顺利进行,对游戏内容与玩法所制定的规则;

(3)竞赛性规则:在游戏中为区分胜负所制定的规则,包括对参加游戏的幼儿、家长提出的行为要求和对胜负的处理要求。

2. 确定游戏过程、步骤的约定,包括游戏中利用什么材料,做什么动作等。例如,"百宝箱游戏"要求在封闭的容器内摸东西,然后根据已有经验,在触摸的基础上判断这个东西是什么。游戏的玩法要易于引起幼儿的兴趣和积极性,使他们愿意主动地完成游戏任务。

练一练

以小组为单位,自选游戏主题,制订游戏方案;根据游戏方案,制作相应游戏材料;依据游戏玩法和规则,录制游戏演示视频,要求如下:

1. 清晰度较高,明暗度适宜。
2. 视频背景环境整洁有序。
3. 声音清晰度较好(说话声要大于背景音乐)。
4. 背景音乐选择欢快明亮的乐曲。
5. 内容较多时适当对视频进行加速处理。
6. 有片头设计、开场白、结束语。

7.3 游戏组织实施

完成本小节学习后，你需要完成〖工作页三〗。

以小组为单位，依据本组所制订的游戏计划，选择一名同学扮演幼儿教师，进行游戏指导，其他同学扮演幼儿，进行情境表演并分组展示。各小组对其他小组的表演进行观察，并完成〖工作页三〗亲子游戏观察记录表的填写，见表 7-3。

表 7-3 〖工作页三〗亲子游戏观察记录表

观察要点	主要内容	具体描述	改进措施
幼儿游戏参与度	对游戏兴趣浓厚，主动参与游戏		
	积极回应家长的问题		
	持久度高		
幼儿对游戏喜爱程度	游戏过程中开心、投入		
幼儿游戏水平	能有序、连贯、清楚地表达游戏内容		
	游戏过程中能从多方面进行观察		
家长对幼儿的关注和指导	关注幼儿游戏中的参与状态和情绪并给予相应反馈		
	引导幼儿多角度、多方位地观察		
	引导幼儿对作品进行展示与分享，鼓励幼儿大胆表达		
	引导幼儿在游戏后收拾整理游戏材料		
幼儿社会性水平	有问、有答、有分享		

一、观察内容

亲子游戏作为幼儿与家长一同操作的游戏，教师很重要的工作就是要观察幼儿的游戏情况，了解幼儿的认知水平、游戏能力、人际交往技能等，从而让自己的指导更加具有针对性。不同的游戏类型，教师需要观察的重点不一样，对于亲子游戏来说，教师需要重点观察的内容如下：

✓ 亲子游戏的主题——幼儿是否喜欢？需不需要调整？
✓ 亲子游戏材料的使用情况——幼儿喜爱玩哪种材料？材料的数量是否充足？材料是否适合本班幼儿进行操作？
✓ 幼儿在亲子游戏中的表现——幼儿是否集中注意力？幼儿对材料和游戏是否感兴趣？幼儿的游戏技能掌握如何？幼儿是否需要家长、教师的帮助和指导？
✓ 与家长合作的情况——幼儿的社会性发展水平如何？能否和家长合作进行游戏？

二、指导方法

幼儿亲子游戏的特殊性决定了幼儿、家长、教师在游戏中充当的角色不同。虽然三者都是幼儿亲子游戏的主体，但幼儿是游戏的主角，家长是配角，教师是主要的发起者和组织者，是游戏的总导演。教师的角色定位决定了教师在亲子游戏中要全程规划引导家长和幼儿参与游戏，宏观调控游戏的进展。教师要创造性地设计或选择适宜的亲子游戏，选择适宜的时间和地点，有效地组织亲子游戏。但在此过程中，教师不要完全控制家长和幼儿的游戏进展，应该尽可能创设宽松的氛围，让大家充分地投入游戏中。教师在游戏中的介入内容包括以下几个方面。

1. 开始游戏。确立主题，宣讲规则。
2. 进入游戏。按照幼儿及其家长的意愿邀请幼儿及其家长参与游戏。
3. 介入指导。帮助和组织幼儿及家长完成游戏。

7.4 游戏评价反思

完成本小节学习后，你需要完成〖工作页四〗。

各小组依据对其他组情境表演的观察和记录，对该组幼儿游戏进行评价，完成〖工作页四〗幼儿游戏评价表的填写，见表 7-4。

表 7-4 〖工作页四〗幼儿游戏评价表

评价内容	评价维度	评语
主动性	1. 不参与游戏 2. 能参加现成的游戏 3. 在别人带领下，参与游戏 4. 主动游戏	
亲子互动水平	1. 参与状态和情绪一般 2. 积极回应并解决问题 3. 明确活动内容，相互配合游戏	
材料运用	1. 凭兴趣使用 2. 按照角色需要使用 3. 创造性地使用 4. 为开展游戏，自己设计制作玩具	
情绪	1. 情绪消极 2. 情绪一般 3. 情绪良好 4. 情绪积极	

续表

评价内容	评价维度	评语
专注力	1. 注意力水平较低 2. 注意力容易分散 3. 注意力集中，偶尔分散 4. 专注，持续时间长	
规矩与习惯	1. 遵守规则 2. 爱护玩具 3. 能收放整齐，动作迅速	

评价是为了更好地了解幼儿的亲子游戏水平，增强亲子游戏指导的科学性和针对性，发现幼儿亲子游戏过程和结果中的闪光点，改进不足，从而进一步提高幼儿的亲子游戏水平。

一、游戏评价与总结

游戏结束后，教师应对本次亲子游戏进行总结，并引导家长、幼儿一起对活动进行总结、反思和评价。亲子游戏可以采用家长评价幼儿、幼儿评价家长、教师评价家长和幼儿的多元化方式，尽量从知识、能力、情感、态度、意志、合作、创新等方面进行评价，互相发现对方的闪光点和进步之处，帮助家长理解游戏的目标和内容，积累游戏经验，找出本次游戏活动中存在的问题。同时，教师还可以有效地开发和利用家长资源，将活动中观察到的家长指导幼儿的一些成功的、好的经验介绍给大家或者请家长做经验分享，进一步推动大家探讨亲子游戏，然后分析其中一些科学的观念和方法，供大家借鉴，以提高亲子游戏的科学性和有效性。幼儿亲子游戏能增进家长之间、幼儿之间、家长与幼儿之间、家长与教师之间的合作与交流，提高家长的教育水平，使家长能够理解、支持和配合幼儿园的教育，促进每个幼儿获得身心全面发展。但是，幼儿亲子游戏不可能解决幼儿发展的所有问题，也不可能替代家庭教育，要努力实现家园共育。

二、工作过程评价

各小组对本组游戏实施全过程进行反思评价，并填写表7-5学生学习评价表。

表7-5　学生学习评价表

评价内容	达成度（★）	说出你觉得不足的具体表现是什么	改进措施
基于幼儿的年龄特点和需求制作亲子游戏材料，创设亲子游戏环境	☆☆☆☆☆		
观察并指导各年龄班幼儿开展亲子游戏	☆☆☆☆☆		
尝试撰写亲子游戏活动方案和观察记录表	☆☆☆☆☆		
结合观察记录表和评价标准，对幼儿亲子游戏进行客观评价	☆☆☆☆☆		

续表

评价内容	达成度（★）	说出你觉得不足的具体表现是什么	改进措施
当与他人合作完成游戏设计、文稿撰写、案例分析、情景模拟时，具有合作意识并能够与他人有效沟通	☆☆☆☆☆		
当撰写游戏设计文稿时，具备文字书写能力和语言组织能力	☆☆☆☆☆		
当与他人交流分享时，具备批判性思维能力	☆☆☆☆☆		
当进行案例分析、制订计划等环节时，具备分析、归纳和总结的能力	☆☆☆☆☆		

三、工作反思

1．请以手抄报或思维导图的形式，梳理本单元亲子游戏的内容，要求逻辑清晰，图文并茂。

2．反思任务实施过程，思考以下问题。

（1）你依据哪些因素来制定亲子游戏目标？具体是什么？

（2）你投放了哪些游戏材料，并创设了怎样的游戏环境？该环境与材料在游戏实施过程中是否合理？

（3）游戏实施环节，你采用了什么指导方式？具体是如何进行指导的？

3．请对照本单元学习目标，对所学内容进行反思，根据自己的掌握程度，在表7-6学生学习反思评价表中给出具体星数，5颗星即为满分。

表7-6　学生学习反思评价表

评价内容	掌握程度★
说出亲子游戏的特点和种类	☆☆☆☆☆
说出亲子游戏的教育作用	☆☆☆☆☆
总结亲子游戏的指导内容	☆☆☆☆☆
说出各年龄班亲子游戏的特点与指导要点	☆☆☆☆☆
说出亲子游戏的观察要点与评价内容	☆☆☆☆☆
根据某一主题的亲子游戏，分析其具体特点、种类和教育作用	☆☆☆☆☆
根据幼儿的年龄特点和需求，投放亲子游戏材料，创设亲子游戏环境	☆☆☆☆☆
观察并指导各年龄班幼儿开展亲子游戏	☆☆☆☆☆
尝试撰写亲子游戏活动方案和组织开展亲子游戏	☆☆☆☆☆
结合观察记录表和评价标准，对幼儿亲子游戏进行客观评价	☆☆☆☆☆

案例分享

1. 亲子智力游戏——《扑克牌对对碰》

目标

1. 通过数字配对的游戏，锻炼幼儿的短时记忆能力。
2. 体验亲子游戏带来的快乐。

一、游戏材料

扑克牌一副。游戏材料如图 7-1 所示。

图 7-1 游戏材料

二、游戏玩法

幼儿和家长面对面坐好，将扑克牌整齐地摆放在桌子上，背面冲上（可选择 10 以内的成对数字），最初数量可以选择十六张，然后根据年龄选择扑克牌，翻出相同数就自动消除，幼儿一次、家长一次，最后手上牌多的获胜。游戏玩法如图 7-2 所示。

图 7-2 游戏玩法

三、游戏延伸

1. 根据幼儿的年龄特点可以增加扑克牌的数量，规则改为一人一局、计时游戏，幼儿可以和爸爸妈妈比赛，用时最短则为获胜。
2. 小朋友们可以在扑克牌上换上自己喜欢的图案，翻到相同图案即可消除，这样会使游戏更有趣哦!

游戏设计与演示:温　欣
校内导师:王　姿
校外导师:北郡嘉源幼儿园　徐　淼

扫描二维码,观看游戏演示视频

2. 亲子智力游戏——玩具找家《谁藏起来了》

目标

1. 锻炼幼儿的短时记忆能力。
2. 体验亲子游戏带来的快乐。

一、游戏材料

5~7个幼儿喜欢的玩具、笔、纸杯。游戏材料如图7-3所示。

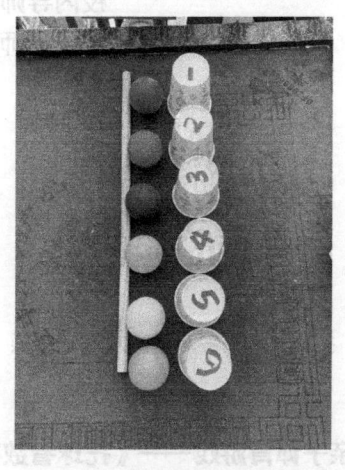

图7-3　游戏材料

二、游戏玩法

用笔给5~7个玩具在其对应的纸杯上标号,按照数字大小顺序进行摆放,让幼儿限时(30秒、一分钟、两分钟可选)观察并记住每个数字所对应的玩具,家长在限定时间结束后让1~2个玩具"消失"(这个过程不要让幼儿看到),最后让幼儿找出该序列上"消失"位置所对应的玩具是什么,并复原。游戏玩法如图7-4所示。

图 7-4　游戏玩法

三、游戏延伸

1. 把游戏观察记忆的时间变短，让幼儿的观察时间从最初的两分钟减到一分钟再到 30 秒，锻炼幼儿的短时记忆能力。

2. 提高游戏难度，在幼儿观察好每个玩具的位置后，让幼儿背对玩具，家长将玩具顺序打乱后让幼儿对玩具位置进行还原。

游戏设计与演示：宋茜璘
校内导师：王　姿
校外导师：北郡嘉源幼儿园　韩　宁

扫描二维码，观看游戏演示视频

3. 亲子体育游戏——《托球看数字》

目标

1. 锻炼幼儿的身体反应能力、协调能力和手臂肌肉控制力。
2. 通过游戏，体验亲子游戏带来的快乐。

一、游戏材料

厚度适中的书两本、纸、笔、废旧报纸制成的小球、胶带。游戏材料如图 7-5 所示。

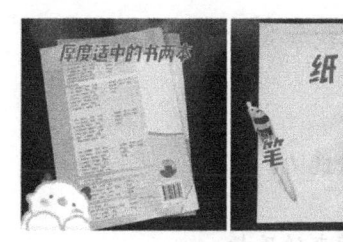

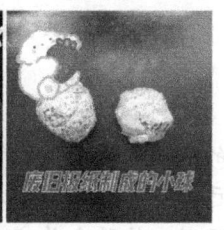

图 7-5　游戏材料

二、游戏玩法

分别在幼儿和家长的背后贴好背贴，写上一个数字。幼儿和家长用书托着一个小球相对而站，游戏开始后双方自由移动，努力去看对方背后的数字，同时避免自己的数字被看到，在这期间要保持小球不掉，最先正确报出对方背后的数字则为获胜。游戏玩法如图 7-6 所示。

图 7-6　游戏玩法

三、游戏延伸

1. 幼儿和家长各画一张水果图片，率先将手中图片贴在对方背后则为获胜。
2. 在游戏者背后贴上背贴若干，在规定时间内，记住对方后背内容多的则为获胜，记得手中的小球一直不能掉落哦！

游戏设计与演示：夏茹云
校内导师：王　姿
校外导师：北郡嘉源幼儿园　养　旭

扫描二维码，观看游戏演示视频

4. 亲子语言游戏——《箱子摸物》

目标

1. 培养幼儿的口语表达能力和触觉感受能力。
2. 能够将自己得知的信息与他人分享。
3. 通过亲子互动,体验合作完成游戏带来的乐趣。

一、游戏材料

废旧纸箱、气球、橡皮、双面胶、自己喜欢的物品。游戏材料如图 7-7 所示。

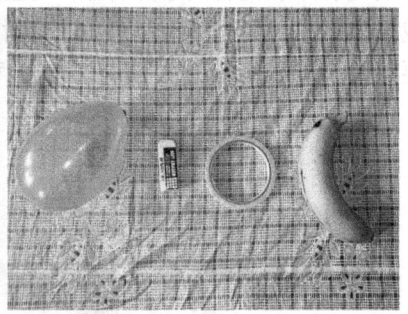

图 7-7　游戏材料

二、游戏玩法

幼儿和家长依次去摸箱中的物品,每人限时 30 秒。两人都触摸完毕后互相分享所得到的信息,描述自己摸到的物品的特征,之后确定物品数量和名称并说出答案,回答正确即为游戏挑战成功。游戏玩法如图 7-8 所示。

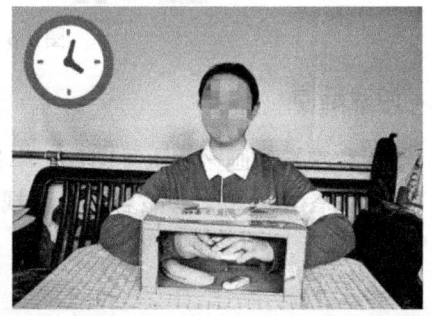

图 7-8　游戏玩法

三、游戏延伸

1. 家长或者幼儿其中一方去摸物品，之后向对方描述物品的数量和特征，另一方来猜测，若回答正确即为成功。

2. 家长和幼儿其中一方指定要取出的物品，另一方在箱中触摸物品并将指定物品拿出，其间进行计时，正确将指定物品拿出并用时短的一方获胜。

游戏设计与演示：夏如芸
校内导师：王　姿
校外导师：北郡嘉源幼儿园　韩　宁

扫描二维码，观看游戏演示视频

反侵权盗版声明

电子工业出版社依法对本作品享有专有出版权。任何未经权利人书面许可，复制、销售或通过信息网络传播本作品的行为；歪曲、篡改、剽窃本作品的行为，均违反《中华人民共和国著作权法》，其行为人应承担相应的民事责任和行政责任，构成犯罪的，将被依法追究刑事责任。

为了维护市场秩序，保护权利人的合法权益，我社将依法查处和打击侵权盗版的单位和个人。欢迎社会各界人士积极举报侵权盗版行为，本社将奖励举报有功人员，并保证举报人的信息不被泄露。

举报电话：（010）88254396；（010）88258888

传　　真：（010）88254397

E-mail：dbqq@phei.com.cn

通信地址：北京市万寿路173信箱
　　　　　电子工业出版社总编办公室

邮　　编：100036